Frank Gerdes
Stars in Gummistiefeln

PIPER

Zu diesem Buch

Auf unterhaltsame Weise gelangt Frank Gerdes Schritt für Schritt zu seinem Traumgarten – und seine Stars sind immer dabei. Ein Buch für alle Gartenfans, die wissen wollen, wie sich unsere Promis im Garten kleiden, warum das Thema Rasenmäher viele ins Schwärmen bringt und wieso auch in diesen Kreisen gerne mal nackt gegärtnert wird ...
Mit: Ruth-Maria Kubitschek, Veronica Ferres, Angelika Milster, Filmlegende Liselotte Pulver, Prince Charles, König Carl Gustav von Schweden, »Traumschiff«-Arzt Nick Wilder, Dagmar Koller, TV-Liebling Jutta Speidel, Ex-Bunte-Chefin Patricia Riekel, Saskia Vester, Bettina Gräfin Bernadotte, Fernsehmoderatorin Frauke Ludowig, Showlegende Marlene Charell, Fritz und Angela Wepper, Anita Kupsch, Barbara Schöne, Volksmusikstar Andy Borg, Park-Besitzerin Annabelle Gräfin von Oeynhausen-Sierstorpff, Schlagersängerin Claudia Jung und vielen mehr.

Frank Gerdes, Jahrgang 1971, wuchs in Emden/Ostfriesland auf und wurde an der Axel-Springer-Journalistenschule in Berlin ausgebildet. Als Reporter arbeitete er für *Gala, Bunte* und *SuperIllu.* Für die Berliner *B.Z.* verfasste er eine tägliche Klatsch-Kolumne, für *Das neue Blatt* und *Das Neue* schnüffelte er als Chefreporter im Privatleben von Stars und Sternchen und berichtete ausführlich über das Leben in königlichen Palästen. Vor drei Jahren stieg er aus dem Promi-Zirkus aus und bloggt seitdem über sein neues Leben als Gartenfan und Medienberater unter www.frankskleinergarten.de

Frank Gerdes

Stars in GUMMI-STIEFELN

Die Gartentricks der Prominenten

PIPER

Mehr über unsere Autoren und Bücher:
www.piper.de

FSC
www.fsc.org
MIX
Papier aus verantwortungsvollen Quellen
FSC® C083411

Originalausgabe
ISBN 978-3-492-23851-9
März 2019

Umschlaggestaltung: zero-media.net, München
Umschlagabbildung: FinePic®, München (Champagner);
Jupiterimages/getty images (Hund in Tasche);
moodboard/getty images (Gartenszene)
Satz: Uhl & Massopust GmbH, Aalen
Gesetzt aus der Scala
Druck und Bindung: CPI books GmbH, Leck
Printed in the EU

Inhalt

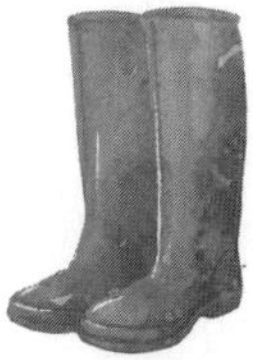

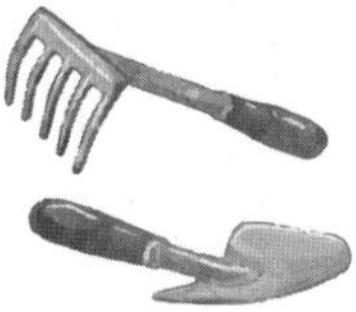

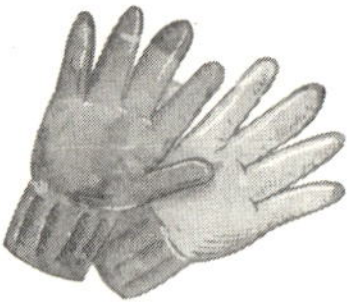

Einleitung

Es ist einer dieser Morgen, von denen ich früher nur träumen konnte. Na ja, vielleicht hatte ich so einen mal im Urlaub, aber nie waren sie Teil meines gewöhnlichen Alltags. Wenn ich ehrlich bin, kannte ich solche Momente nur aus der Werbung. Aber jetzt ist das anders. Nun scheint die Sonne, und ich sitze auf der Terrasse, schlürfe meinen Tee und genieße den Blick auf blühende Hortensien, duftende Rosen und in Form geschnittene Buchsbaumkugeln. Neben mir liegt die druckfrische Tageszeitung, und zu meinen Füßen rekelt sich mein Golden Retriever Bruno.

Vor drei Jahren hätte ich mir das nicht einmal im Traum vorzustellen gewagt. Zu oft hetzte ich von Konferenz zu Konferenz, jagte Schlagzeilen hinterher und schnüffelte schon fast manisch im Privatleben diverser Prominenter. Dann kam der Burn-out, und ich zog mich zurück in mein Haus im Hamburger Umland. Umgeben von einem kleinen Garten, versteckt es sich am Ende einer Sackgasse. Im Frühling blühen im Vorgarten die Tulpen mit der japanischen Zierkirsche um die Wette, und im Sommer versuchen mittlerweile Fingerhut und Echinacea den englischen Rosen die Show zu stehlen. Selbst im Herbst und im Winter lässt mein kleines Refugium mein erwachtes Gärtnerherz höherschlagen.

Mein Haus ist meine Burg. Hier begann mein neues,

anderes Leben – abseits vom Scheinwerferlicht, roten Teppichen und knisternden Abendroben. Rückblickend kann ich nur sagen: Das war die richtige Entscheidung!

Heute weiß ich, dass ich das Glück gefunden habe. Natürlich ist in diesen drei Jahren auch viel passiert – meine Mutter ist an Krebs gestorben, bei meinem Vater haben die Ärzte einen Tumor im Magen diagnostiziert, und für meinen behinderten Bruder musste ich einen Platz in einem betreuten Wohnen finden. Ich will jetzt nicht behaupten, dass ich diese schmerzhaften Schicksalsschläge so einfach weggesteckt habe, aber mein Garten hat mir geholfen, das alles zu verkraften.

Und es ist immer noch so: Jedes Mal, wenn ich mit den Händen in der Erde wühle, überkommt mich eine Ruhe und Gelassenheit, die ich vorher so nicht kannte. Wenn ich meine Rosen setze und sie später ausputze, also von allem toten Holz und dem Verblühten befreie, breitet sich in meinem Herzen ein Frieden und ein Optimismus aus, der dort lange Jahre kaum einen Platz fand.

Aber einmal abgesehen von meiner Gefühlslage, die der Garten korrigiert hat, hat er mir auch noch eine berufliche Zukunft aufgezeigt.

Knapp ein Jahr nachdem ich mich von der Show-Branche verabschiedet hatte und schon wie ein fleißiger Maulwurf durch meinen Garten wühlte, launchte ich im Internet mein eigenes Blogazin. frankskleinergarten.de hat sich mittlerweile zu einem der erfolgreichsten deutschsprachigen Blogazine entwickelt. Tausende Gartenfreunde schauen dort jeden Monat vorbei, um sich Tipps zu holen oder um sich ein bisschen aufmuntern zu lassen.

Ich schreibe auch wieder für Zeitschriften. Allerdings

verliere ich kein Wort mehr über Prominente. Meine Stars sind jetzt die schönsten Gärten und die Menschen, die sie erschaffen haben. Am liebsten schreibe ich allerdings über meinen eigenen kleinen Garten und die Lebewesen, die sich dort so gerne tummeln. Egal, ob gern gesehene Gäste oder ungebetene – wie damals, als ich noch über Promi-Partys schrieb.

Nachdem ich nun mein eigenes, kleines Reich zum Blühen gebracht habe, möchte ich auch noch selbst gesätes Gemüse ernten. Schon lange träume ich von schmackhaften Tomaten aus dem eigenen Garten, von Zucchini, Auberginen, Gurken. Nur zu gerne möchte ich frischen Blattsalat direkt vor meinem Küchenfenster pflücken können. Am liebsten täglich. Damit auch dieser Traum wahr wird, habe ich mir ein Gewächshaus bei einer kleinen Firma im niedersächsischen Apen ausgesucht, gleich um die Ecke liegt das schöne Bad Zwischenahn.

Mein Gewächshaus ist nicht groß, vielleicht acht Quadratmeter, aber es sieht verdammt hübsch aus. Das Sicherheitsglas wird gehalten von grünen Alustreben, auf dem First thront eine Zierleiste, wie man sie von englischen Gewächshäusern kennt, und die Tür ist zweiteilig. Sie kann untenrum geschlossen bleiben, während sie oben offen die frische Luft ins Gewächshaus strömen lässt. Innen kann ich L-förmige Regale auf zwei Etagen anbringen, auf denen ich wunderbar meinen eigenen Salat in Töpfen ziehen werde.

Gestern wurden die Kartons mit den ersten Einzelteilen geliefert, heute kommt das Glas für Wände und Dach. Seit einer knappen Woche bin ich schon dabei, Platz zu schaffen, für mein Gewächshaus. Säckeweise habe ich Unkraut gezupft und zur Müllhalde gebracht. Erst gestern habe ich noch einige der Pflastersteine zwischen Haus und Acker ausgebuddelt. Heute geht's endlich mit dem Aufbau gleich hinterm Carport los. Für das Gewächshaus ist es der schönste Platz im Garten: Ab dem späten Vormittag scheint hier die Sonne. Erst am frühen Abend breitet sich dort der kühle Schatten im Sommer aus. Natürlich hoffe ich nun, dass dieses Plätzchen unter Glas mich künftig mit reichen Ernten beschenken wird.

So wie Musical-Star Angelika Milster mich in mein Gartenleben schubste (»Es wird Zeit, dass du dich schmutzig machst«), hat mich Ex-*Bunte*-Chefredakteurin Patricia Riekel zu meinem neuen Abenteuer verleitet. In höchsten Tönen schwärmte sie in unserem Gespräch von ihrem neuen, schönen Gewächshaus aus Italien. Ein Geburtstagsgeschenk ihres Lebensgefährten Helmut Markwort, wenn ich mich richtig erinnere. Er, der Erfinder des Nachrichtenmagazins *Focus* und jetziger Landtagsabgeordnete in München, erfüllte seiner Lebensgefährtin damit einen ihrer größten Wünsche. Was dort alles machbar sei, wie gut doch die eigenen, dort gezüchteten Tomaten schmecken würden – Patricia kam aus dem Schwärmen gar nicht mehr heraus. Das hat mich angesteckt.

Noch stapeln sich die Kartons in meinem weißen Carport. Aber sie warten schon begierig darauf, nach und nach geöffnet zu werden. Damit beginnt wieder eine neue Gartenreise für mich, ein neues Abenteuer. Und das, obwohl er noch immer nicht perfekt ist, mein Garten. Nein, das ist er wirklich nicht, wird er wahrscheinlich auch nie sein. »Aber das ist auch egal«, erklärt mir Marlene Charell nur zu gern. »Dein Garten muss dir guttun. Deinem Herzen, deiner Seele. Dafür ist er da. Wie andere ihn sehen, kann dir wirklich egal sein.«

Die deutsche Bühnenlegende weiß, wovon sie spricht. Für ihren schwerkranken Mann Roger ist er Medizin und Psychiater-Coach gleichermaßen. »Wenn Roger morgens im Garten steht und die Vögel beobachtet, vielleicht ein neues Nest entdeckt, kommt er anschließend glücklich ins Haus. Dann sind die Schmerzen, die seine Krankheit verursachen, mit einem Mal und für einen Moment vergessen.«

So erging es mir auch, so geht es mir noch immer. Mein Garten ist meine Welt. Sie hält jedem Sturm, jedem äußerlichen Unbill stand. Hier kann ich sein, hier bin ich. Nur die Natur stellt auf meinen ganz eigenen achthundert Quadratmetern Regeln auf. Sonst niemand.

Natürlich war am Anfang nicht alles Gold, was glänzte, und ich erlebte in meinem Garten Niederlage um Niederlage, wie ich es vorher nicht kannte. Ich musste aber auch feststellen, dass der Garten hin und wieder erschreckende Parallelen zu der Welt aufzeigte, in der ich vorher lebte und arbeitete. Meinem Humor hat es aber nicht geschadet. Meiner Gesundheit auch nicht. Im Gegenteil: Mit zunehmendem Abstand konnte ich über so vieles lachen, was mich vorher enttäuschte. Auch in diesem Punkt hat mein Garten mir geholfen.

Als Klatschreporter fühlte ich mich natürlich sicherer auf dem Society-Parkett. Die Regeln dort kannte ich – egal ob Fürstenhochzeit oder Filmball. Im Garten war das anders. Da brauchte und brauche ich noch immer hin und wieder Hilfe oder wenigstens einen guten Ratschlag aus erfahrenem Munde.

Wie gut, dass ich auch als ehemaliger Klatschreporter noch ein dickes Telefonbuch voll mit den Nummern gartenverrückter Prominenter besitze. Sie konnte und kann ich anrufen, mich mit ihnen verabreden und mir schließlich wichtige Tipps geben lassen.

Die wichtigsten Momente und schönsten Gespräche habe ich hier niedergeschrieben. Ich hoffe, damit wunderbar zu unterhalten und aus diesen Gesprächen ebenso viel Gartenwissen wie Gartenweisheiten weiterzugeben.

Frank Gerdes

1. Kapitel

Manchmal kommt es anders und zweitens als man denkt

Hamburg schmuddelt sich mal wieder durch den Februar. Es ist kalt, feucht und grau – das ist so typisch für diese Stadt. Man spürt regelrecht, wie dieser hanseatische Winter die Hosenbeine heraufkrabbelt und bleiben will. Er lässt sich selbst dann nur schwer verscheuchen, wenn man, wie ich gerade, in einem gut geheizten Büro hockt. Reflexartig wünscht sich doch jeder an so einem Kuddelmuddel-Tag den nächsten Frühling herbei, oder? Wenigstens einen Hauch davon.

Mir geht es jedenfalls so, denn eigentlich bin ich ein Sonnenkind. Ich liebe den Sommer, sitze gerne auf der Café-Terrasse und schlürfe einen Latte oder plansche bei schönstem Sonnenschein im Pool und gönne mir mal ein leckeres Eis. Ich liege auch gerne auf einem Rasen im Park und beobachte die vorbeiziehenden Wolken, während der warme Wind meinen Bauch kitzelt. Das ist herrlich!

Aber noch ist das alles ganz, ganz weit weg. Leider. Statt in der Sommersonne zu brutzeln, halte ich mich an einer Tasse dampfendem Tee fest und lasse die Ausführungen von Frau Doktor Eva Schmidt-Neuenfels über mich ergehen. Wenigstens ein bisschen Frühling wäre schön, denke ich und schaue zum Fenster hinaus. In Bayern liegt wenigstens Schnee. Aber Winter im Norden ist ja nichts Halbes und nichts Ganzes.

Also lümmle ich mich jetzt auf dem braunen Ledersofa von Frau Doktor. Mein Hausarzt hat mich zu ihr geschickt. Sie sei in Hamburg die Beste ihres Faches, erklärte er mir. »Da gehen Sie mal hin, verlieren können Sie ohnehin nichts«, lautete sein Befehl. Also habe ich mir einen Termin geben lassen. Mir blieb nichts anderes übrig. Meinem Hausarzt widerspricht man besser nicht. Und nun bin ich hier.

Es stimmt: Mir geht es nicht gut. Und dennoch gebe ich mich fröhlich. So schlimm kann das schließlich alles nicht sein. Ist doch nichts Körperliches. Immerhin. Ich fühle mich nur leer, schlapp, ausgelaugt. Immerzu den Tränen nahe. Oder wütend. So wütend, dass ich am liebsten die ganze Einrichtung zertrümmern würde. Und mir fehlen die Worte. Immer wieder fehlen mir die Worte. Das ist tödlich in meinem Job. Schließich bin ich Journalist, genauer gesagt: Klatschreporter. Meine Geschichten werden in den bunten Blättern veröffentlicht, einige sogar weltweit. Früher hat mir dieser Job großen Spaß gemacht. Jetzt schleppe ich mich nur noch zur Arbeit. Kaum hinterm Schreibtisch, würde ich am liebsten wieder gehen.

Seit zwanzig Jahren verdiene ich meinen Lebensunterhalt mit Geschichten aus der Welt der Promis und erlebte wunderbare, aber auch skandalöse Momente: Ich habe mit der englischen Königin das Abendbrot geteilt und am Krankenbett eines mir lieb gewordenen Stars gewacht. Er starb, während ich bei ihm saß. Das war vielleicht ein

Theater! Fürchterlich traurig, aber eine gute Story. Ein Prinz betrog vor meinen Augen seine Frau. Das war eine noch bessere Geschichte.

Ich durfte auf Fürstenhochzeiten unterm Sternenhimmel tanzen und habe Models beim Koksen erwischt. Eine Zeit lang aß ich des Öfteren mit einem Bundeskanzler in Berlin zu Mittag und diskutierte mit amerikanischen Präsidenten auf Empfängen in New York. Der schwedischen Kronprinzessin gratulierte ich in Stockholm zur Hochzeit, und das Formel-Eins-Rennen in Monaco schaute ich mir vom Achterdeck einer noblen Jacht aus an. Einer unserer größten Schlagersänger traf sich zum Essen mit seiner heimlichen Geliebten – natürlich saß ich am Nebentisch.

Klatschreporter ist man rund um die Uhr. Vierundzwanzig Stunden am Tag. Aber das hatte mir bisher nichts ausgemacht. Denn kaum etwas anderes hat mich so sehr fasziniert, wie die Welt der Reichen und Schönen, der Berühmten und Berüchtigten. Ihre falsche Moral, das liderliche Leben, die Scheinheiligkeit. Allerdings zerrt die Leidenschaft für diesen Beruf an der Gesundheit. Sie kostet Freundschaften, die Familie leidet, und so manche Beziehung ist daran gescheitert.

»Frank, das geht so nicht weiter. Sie brauchen eine Auszeit, und zwar dringend«, erklärt mir Frau Doktor Eva Schmidt-Neuenfels nun in ihrer noblen Hamburger Klinik. »Das Beste ist, Sie ziehen erst einmal für acht Wochen bei uns hier ein. Machen Sie das nicht, werde ich Sie mit Sicherheit bald für längere Zeit aus dem Verkehr ziehen müssen, und das wollen wir doch nicht, oder?«

Also ehrlich! »Eva, wie stellen Sie sich das vor? Ich habe Termine, Verpflichtungen, dann der Druck aus der

Redaktion«, erkläre ich leise und streiche dabei meine rote Chino glatt. Ich zupfe das Hemd aus dem rechten Jackettärmel, richte den silbernen Manschettenknopf und stehe langsam auf. »Vielen Dank für das Gespräch, Eva. Sie haben mir sehr geholfen. Ich werde Ihre Ratschläge sehr ernst nehmen. Aber jetzt muss ich los. Die Redaktion ruft.« Mit dem Mantel über dem Arm verlasse ich das Zimmer. Fluchtartig.

Sanft fällt die Autotür ins Schloss. Ich kuschle mich in den Fahrersitz, schließe die Augen und atme tief durch. In meinem Landrover ist die Welt noch in Ordnung. Hier fühle ich mich sicher und geborgen. Das warme Leder der Sitze schenkt mir Behaglichkeit. Ist es wirklich so schlimm? Mein Bauch brüllt unumwunden: »JA!« Mein Kopf flüstert dagegen: »Nein.« Ja, was denn nun? Aus den Lautsprechern rieselt leise das Doppelkonzert für zwei Violinen und Streichorchester von Johann Sebastian Bach. Erst vor Kurzem habe ich irgendwo gelesen, dass diese Musik Blutdruck und Herzfrequenz in ähnlicher Weise wie Medikamente senken soll. Wenn's auch so geht, warum sollte ich mich dann in einer Klinik einquartieren? Nein! Noch einmal tief Luft holen, und dann geht's ab in Richtung Innenstadt. Auf in die Redaktion. Auf in den Trubel. Langsam versuche ich, Frau Doktor hinter mir zu lassen. So ganz klappt das nicht.

Frau Doktors Diagnose kommt mit in die Stadt. Das ist kein leichtes Gepäck. Wirklich nicht. Immerhin hat sie mir mit klaren Worten deutlich gemacht, dass ich mich in einem Burn-out befinde. Mittendrin quasi. So wie bisher könne es also nicht weitergehen. Auf gar keinen Fall! In diesem Punkt war sie sich ziemlich sicher.

Ich sei total ausgebrannt. In einem Zustand der Frustration. Schuld seien unrealistische Erwartungen an mich und andere. Das habe zu einem Energieverschleiß geführt, hat sie mit fester Stimme erklärt. Ich und andere haben mich überfordert. Nun sei ich eben einfach erschöpft. Das würde alles erklären – die Wut, die Tränen, die Müdigkeit, den Sprachverlust.

Aber keine Sorge, ich sei nicht der Erste, dem das passiert, und schämen müsste ich mich schon gar nicht dafür. Vor allem Männer im mittleren Management seien davon betroffen. Und Menschen, die beruflich intensive Beziehungen zu anderen Menschen unterhalten. Nun, beides träfe wohl auf mich zu. Da dürfe ich mich nicht wundern. Allerdings müsste ich mein Leben ändern. Und zwar rucki zucki.

Immerhin bin ich in prominenter Gesellschaft, tröste ich mich: Skispringer Sven Hannawald hat es auch schon erwischt, erfuhr man aus den Medien. Schlimm war das damals. Oder Fernsehkoch Tim Mälzer. Der wollte wohl Trost im Alkohol finden, war überall zu lesen. Das war aber eine Sackgasse. Auch Schlagerstar Michelle musste da durch. Damit sich die Schlagersängerin erholt, wurde sie schließlich in ein künstliches Koma versetzt. Oder Hollywood-Sunnyboy Owen Wilson. Er litt ebenfalls jahrelang an einem Burn-out, zudem noch an Depressionen. Eine Therapie hat das Schlimmste verhindert. »Toll, da bin ich ja mal wieder in prominenter Gesellschaft«, murmle ich, als mich das Klingeln meines Handys aus dieser bunten Gedankenwelt reißt. Auf dem Display blinkt eine Schweizer Telefonnummer.

»Süßer, wo bist du? Ich hab schon versucht, dich in der Redaktion zu erreichen. Da sprang leider nur der Anrufbeantworter an«, flötet Musical-Star Angelika Milster ins Telefon. Mit der beliebten Schauspielerin bin ich seit rund zwanzig Jahren befreundet. Berühmt wurde sie als Grizabella im Musical »Cats«. Der Song »Memory« machte sie zum Star. Das war in Wien. In Berlin wurden wir Freunde.

»Gerade komme ich vom Arzt und überlege nun so grundsätzlich, wie es weitergehen soll«, erkläre ich. Dabei versuche ich, ruhig und souverän zu klingen. Stille am anderen Ende. Unachtsam rase ich mit meinem Auto durch eine Pfütze. Das dreckige Wasser spritzt auf den Gehweg. Ein Fußgänger bekommt es ab und schimpft.

Ich erzähle ihr von der Diagnose und zucke mit den Schultern, als ich auf das Wie-soll's-weitergehen zu sprechen komme. Am Horizont schimmert das Klinkerrot des Verlagsgebäudes. Die Ampel wird gelb. Ich gehe vom Gas.

»Du willst doch jetzt wohl nicht in die Redaktion? Kommt gar nicht in Frage! Ab nach Hause – und nachdenken«, Angelika wird resolut. »Wir reden weiter, sobald du dort angekommen bist.« Alles klar. Recht hat sie. So wird's gemacht. Also fahre ich brav nach Hause. Raus aufs Land.

Während ich über die Autobahn rase, schweifen meine Gedanken ab. Die Erinnerung an ein Gespräch mit TV-Liebling Ruth-Maria Kubitschek kommt mir in den Sinn. Wir trafen uns in München und haben danach noch mehrmals telefoniert. Ich hielt die Grande Dame der deutschen Fernsehunterhaltung immer für, nun ja, leicht exzentrisch. Der Eindruck verfestigte sich, als sie mir von ihrem Garten »Aphrodite« erzählte.

Ende der 1990er hatte sie ein viertausend Quadratmeter großes Grundstück unterhalb ihres Hauses am Bodensee gekauft. Danach verschwand sie für ein ganzes Jahr von der Bildfläche, um aus der Wildnis zu ihren Füßen eine parkähnliche Landschaft zu zaubern. Sie wollte das Fleckchen der Natur zurückgeben, versicherte sie gerne und pflanzte Apfelbäume, Rosen, Jasmin, Flieder. Dazwischen kamen in Form geschnittene Buchsbaumkugeln, griechische Statuen und Buddha-Figuren.

»Wir brauchen alle eine Zeit der Stille, um wieder gesund zu werden«, behauptete sie in einem unserer Gespräche. Kubi schwärmte schließlich auch gerne davon, wie sie morgens barfuß über ihren nassen Rasen wandert. Kurz nach dem Aufstehen, ungeduscht, ungeschminkt, noch vor dem ersten Tee. Dann hört sie die Vögel zwitschern und spürt die ersten wärmenden Sonnenstrahlen auf ihrer nackten Haut. Klingt irgendwie schön, war bisher aber nicht meins. Das kann sich jetzt ändern.

Wieder klingelt mein Handy. Es ist die Redaktion. Das Chef-Sekretariat. Ob ich denn heute noch kommen würde? Was los sei? Und überhaupt. Ich hätte mich ja wenigstens mal melden können. Muss ich jetzt nicht mehr. Ich bin krank. Ich bleibe zu Hause. Wie lange? Weiß ich noch nicht. Auf alle Fälle den Rest der Woche. Jaja, die Krankschreibung folgt. Der Chef will mich noch sprechen. Nein, geht jetzt nicht. Er soll mir eine Mail schicken, wenn's was Dringendes ist. Was denn nun mit meinen offenen Storys sei? Weiß ich nicht. Die müssen warten. Meine Termine? Neu besetzen, verschieben, absagen. Ich lege auf. Atme tief ein und langsam aus.

Die Landschaft fliegt an mir vorbei. Ich trommle ungeduldig mit den Fingern auf das lederne Lenkrad. Meine Ausfahrt kommt. Im Radio gibt TV-Star Hendrik Duryn gerade ein Telefoninterview.

Es ist noch gar nicht so lange her, da hatte ich ihn selbst an der Strippe. Ein Meinungsforschungsinstitut hatte herausgefunden, dass der Leipziger zu den Top-Drei der beliebtesten, deutschen Serienstars gehört. Grund genug für ein Gespräch. Hendrik erzählte mir von dem Freiheitsgefühl, das er empfindet, wenn er durch die Kronen der hohen Bäume in seinem Garten klettert oder die Bäume im nahe gelegenen Wald erobert.

Ob ich mir vorstellen könne, wie das sei, dort oben in schwindelerregender Höhe, wollte er wissen. Nein, konnte ich nicht, kann ich immer noch nicht. Ich klettere ja nicht einmal auf eine Haushaltsleiter. Ich habe Höhenangst! Aber Hendrik beschrieb voller Leidenschaft, wie es ist, wenn man auf einem Baumwipfel sitzt und sich dem Himmel nah fühlt. Die Zweige wiegen sich sachte im Wind, der Blick wandert über die anderen Wipfel hinweg. Man ist befreit. Von allem so weit weg. Herrlich. Da oben kann man angeblich unbeschwert durchatmen. Aber muss man denn unbedingt so hoch hinaus, um den täglichen Ärger zu vergessen? Um Abstand zu gewinnen und wieder runterzukommen?

Die Füße hochlegen, die Sterne beobachten und dazu ein kühles Bier. Hauptsache draußen. Frische Luft atmen, nicht den Redaktionsmief. Versuch's mal. Ein eigener Garten ist was Feines, schwärmte der Schauspieler im Interview. Auch wenn der Garten nicht groß ist, er schenkt dir Seelenfrieden. Hast du die Hände im Dreck, fällt der Stress ab. Zupfst du Unkraut, findest du Zufriedenheit. Und Holzhacken ist wie Meditation.

»Garten ist für jeden aber etwas anderes. Die einen mögen den englischen Rasen, die anderen die wilde Wiese. Für mich darf er wild und natürlich sein, will aber auch gepflegt werden«, erklärt mir Schauspieler Sascha Hehn in einem Interview. Der »Traumschiff«-Kapitän lebt auf dem Land. Abgeschieden, idyllisch, bodenständig. Vor dem Haus dichter Wald, dahinter ein kleiner Bach. »Ein Garten soll dich glücklich machen. Klingt kitschig, ist aber so.«

Erst Kubi, dann Duryn und nun auch noch »Traumschiff«-Star Sascha Hehn. Na, super! Also einfach die Lackschuhe gegen ein Paar Gummistiefel tauschen? Den roten Teppich gegen den grünen Rasen? Noch kann ich nicht glauben, dass das wirklich helfen soll. Aber immerhin komme ich ins Grübeln. Wenn ein bisschen Erde und ein paar Blümchen einen Menschen wirklich glücklich machen, dann könnte das vielleicht eine Lösung sein. Zugegeben: Ich bin skeptisch. Sehr skeptisch. Aber da ich schon einmal ein Haus auf dem Lande besitze, könnte ich diesen Weg doch eigentlich in Erwägung ziehen. Ein Versuch ist es wert – oder? Nur, wie soll das gehen? So ganz genau?

Seit rund zehn Jahren pendle ich mittlerweile nahezu täglich zwischen Stadt und Land. Morgens geht's rein in die Stadt, abends wieder raus aufs Land. Insgesamt achtundachtzig Kilometer Fahrweg täglich. Macht aber nix. Dafür wohnen wir sehr schön. Damals hatte uns, also meinen Mann und mich, das Landlust-Fieber gepackt. Plötzlich wollten wir unsere Marmelade selber kochen, Gemüse auf dem eigenen Acker ziehen und im Sommer an den Rosen vor der Terrasse schnuppern. Viele unserer Freunde fanden das bescheuert, einige finden das heute noch dämlich. Aber die haben auch keine Terrasse, auf der sie sich zur Cocktail-Stunde fläzen und Gin-Tonics schlürfen können. Wir hingegen machen es uns dann in unseren Deckchairs aus zertifiziertem Teak-Holz gemütlich und tüdeln uns einen an. Vorausgesetzt, wir sind zu Hause.

My Home is my Castle – unseres steht im Heidedorf Jesteburg, direkt vor den Toren Hamburgs. Ein niedliches Örtchen: reetgedeckte Häuser, viel Wald und noch mehr Wiesen. Drei Supermärkte, vier Apotheken, fünf Friseure, ein Buchladen, ein Piercingstudio, vier Nutten und ein diskussionsfreudiger Gemeinderat. Also ein ganz entspanntes Dörfchen. Das Grundstück ist nicht so wahnsinnig groß, vielleicht achthundert Quadratmeter. Aber das reicht uns. Den Kaufvertrag haben wir übrigens per Handschlag abgeschlossen. Unfassbar, aber so läuft das noch immer auf dem Land.

Gebaut hat unser Haus ein Unternehmer aus einem Nachbarort. Modell niedersächsisches Landhaus: roter Klinker, anthrazitfarbene Dachziegel, Regenrinnen aus Kupfer, Stichbögen über den Fenstern, vorne und hinten ein Erker. Alles auf antik getrimmt und natürlich viel zu groß für zwei, aber wir haben es so gewollt. Und was habe ich davon? Viel zu wenig! Jedenfalls bislang.

Ich wohne zwar dort, lebe aber bisher nicht in dem Haus und noch weniger in dem Dorf. Das eine hat wenig mit dem anderen zu tun. Meine Nachbarn kenne ich nur flüchtig, das Örtchen kaum. Morgens geht es ab nach Hamburg, abends über Autobahn und Landstraße wieder zurück – falls ich nicht gerade anderswo in der Weltgeschichte unterwegs bin. Da hätte ich eigentlich auch in der Stadt bleiben können, höre ich nur zu oft. Ich hatte mir das eigentlich auch ganz anders vorgestellt.

Zu Hause angekommen, klingelt mein Handy. Schon wieder. Angelika. »Bist du draußen? Gut! Ab mit dir in den Garten. Jetzt schaust du dort erst einmal nach dem Rechten«, verlangt der Musical-Star.

»Wonach soll ich sehen? Nach dem Rechten? Im Garten? Du bist ja lustig. Worauf soll ich denn achten?«

»Ist jetzt egal. Guck dir deine Beete an. Bei diesem Wetter kannst du auch über den Rasen laufen. Es liegt schließlich kein Schnee, und gefroren hat es bei euch auch nicht.«

Na, die ist ja gut drauf. Sommercocktails trinken auf der Terrasse – okay, aber mitten im Februar durch das tote Grünzeug stapfen? Ich bin doch nicht bescheuert und ruiniere mir meine teuren Schuhe!

»Geh einfach mal in Richtung Beete, und guck, was da los ist. Vielleicht hat der letzte Frost den einen oder anderen Staudenballen nach oben gequetscht, oder der Winterschutz für deine Hortensien muss in Ordnung gebracht werden. Und was ist mit deinen Rosen? Hast du genügend Erde angehäufelt?«

»Angelika, wovon sprichst du? Winterschutz? Anhäufeln? Keine Ahnung, was du meinst.«

»Nun stell dich mal nicht dümmer, als du bist.«

»Bisher hat sich Herr Schmidt um unser Grundstück gekümmert. Ich hab dafür keine Zeit.«

Also gut: Nahezu todesmutig begebe ich mich in der heranbrechenden Dämmerung auf den Rasen. Er ist matschig. Glitschig. So ganz anders als der Sommerrasen, auf dem ich gerne liege. Nein, so mag ich ihn nicht. Aber wenn's Angelika befiehlt, bleibt mir wohl nichts anderes übrig.

Ich schlage den Kragen meines Burberry-Trenchcoats höher, werfe rasch einen Blick auf meine gewienerten Budapester, und schon tapse ich los, das Handy am Ohr.

»Es wird Zeit, dass du dich schmutzig machst«, verkündet La Milster. »Steck deine Hände in die Erde. Das ist die beste Medizin – glaub mir. Das wird dir jeder sagen, der ein wenig Ahnung hat. Abgesehen davon, macht es irre viel Spaß. Ich mach's auch.«

Irgendwo habe ich gelesen, dass sich kranke Menschen bei der Arbeit im Grünen als nützlich erleben, der Garten hilft ihnen beim Erkennen und Akzeptieren der Krankheit. Die ollen Ägypter sollen Gartenarbeit zur Heilung von geistig Umnachteten eingesetzt haben. Ob's geholfen hat, weiß heute allerdings keiner mehr. Dennoch sind solche Heilgärten gerade der ganz große Trend in der Medizin.

Erst vor Kurzem habe ich während der Recherche für einen Bericht gelesen, dass bestimmte Gärten viel mehr als nur schön sind, sie sind Kraftquellen. Man kann die Natur dort sehen, hören, riechen, fühlen und manchmal auch schmecken. Kindheitserinnerungen werden geweckt und der Körper beansprucht. Ein Garten hat also therapeutische Wirkung. Meiner auch? Unfassbar, auf was für Ideen ich komme, während ich über einen patschnassen Rasen schliddere. Typisch.

»Was bedeutet dir denn dein Garten?«, frage ich. Angelika schweigt, denkt nach. Die Sekunden verstreichen. »In meinem Garten kann ich wieder richtig durchatmen. Vergessen. Gärtnern ist für mich wie Yoga. Bin ich in meinem Garten, komme ich mit mir und der Welt ins Reine«, erklärt sie schließlich mit leiser, warmer Stimme.

»Das Schönste für mich ist immer, dass ich leise mit den Blumen sprechen kann«, erzählt La Milster. »Ich bin aber nicht so eine vor sich hin brabbelnde Alte. Um Himmels willen, nein! Das findet alles in meinem Kopf statt und nur, wenn ich mit meinen Pflanzen zu Gange bin.«

»Du willst mir doch jetzt nicht sagen, dass du wirklich mit deinen Pflanzen sprichst?«

»Klar, warum denn nicht. Wenn so ein Busch nicht mehr kann, dann muntere ich ihn eben wieder etwas auf. Dann sage ich auch mal: ›Los komm, Kleiner. Das wird schon wieder.‹ So helfen wir uns gegenseitig – mein Garten und ich.«

Jetzt ist es dunkel. Der Garten, die Beete – alles sieht noch trostloser aus. Tot. Traurig. Das passt zu meiner Stimmung. Die Arme eng um den Körper geschlungen und in matschverschmierten Schuhen gehe ich zur Terrasse und setze mich auf einen der Gartenstühle. Mir ist kalt.

»Meine Großeltern hatten einen tollen Garten, in dem ich als Kind viel gespielt habe. Natürlich musste ich auch mal mithelfen. Unkraut jäten, Äpfel ernten. Ich denke, so fing meine Liebe zum Gärtnern an. Heute könnte ich mir ein Leben ohne Garten gar nicht mehr vorstellen«, schwärmt Angelika. Sie ist in Plauderlaune.

»Kannst du dich noch an meinen Berliner Balkon erinnern? Als ich dort noch lebte, habe ich ihn immer bepflanzt und mit Grünzeug zugestellt, bis gar nichts mehr ging. Mein Mann André hat dann irgendwann den Befehl ausgegeben, dass nur noch Pflanzen gekauft werden, wenn eine Machete mitgeliefert wird – damit er sich einen Weg durch diesen Dschungel freischlagen kann.« Sie lacht, ich lächle.

Scheinbar macht Gärtnern wirklich selig und schenkt ein gutes Gefühl. »Wer in meinen Garten schaut, schaut in mein Herz«, wird der legendäre Gartenarchitekt Hermann von Pückler-Muskau gerne zitiert. Dieser wunderbare Gärtner hat nicht nur ein Eis erfunden, sondern auch die schönsten Schlossgärten angelegt, klärte mich einst Farah Diba auf, die letzte persische Kaiserin, mit der ich mich auf einer Party unterhielt.

»Auf meinem Berliner Balkon stand einmal eine große Schale, in der wuchsen Hornveilchen. Eines Tages schaue ich zum Fenster hinaus und sehe, wie dort eine Ente ihre Eier ausbrütet. Wunderbar. So findet die Natur immer einen Weg. Selbst in der Stadt. Das ist doch großartig – findest du nicht?«, lacht Angelika durchs Handy.

Je länger ich meinem liebsten Musical-Star zuhöre, desto mehr überzeugt sie mich: Ein Garten kann wirklich glücklich machen. Und wenn dann auch noch Ruth-Maria Kubitschek, Hendrik Duryn und Sascha Hehn ins selbe Horn tröten, muss ja etwas dran sein.

Aber was ist Glück eigentlich? Nur ein Gefühl? Ein Zustand? Schaffe ich das mit meinem Garten auch? Und wie lange dauert das überhaupt? Vielleicht sollte ich meinen Job als Klatschreporter erst einmal dafür aufgeben. Wenigstens für kurze Zeit. Sechs Monate, ein Jahr – für immer? Werde ich ihn vermissen?

Schon als kleiner Junge wollte ich unbedingt Klatschreporter werden. Damals saß ich bei meiner Großmutter auf dem Sofa und blätterte fasziniert durch die bunten Zeitschriften. Für so ein Magazin wollte ich auch arbeiten. Raus aus dem miefigen Ostfriesland, rein in die große, bunte Glitzerwelt. Eines Tages. Das habe ich mir geschworen. Und jetzt die Rolle rückwärts? Mit Ende vierzig?

Groß ist mein Garten nun wirklich nicht. Im Vergleich zu Kubis Garten »Aphrodite« ist er eher ein Schrebergarten. Aber auch Schrebergärtner sollen glücklichere Menschen sein. Dennoch frage ich mich: Ist Rasen trimmen, Rosen schneiden oder Unkraut zupfen wirklich das Richtige für mich?

»Du könntest dir einen Komposthaufen zulegen und darauf Kürbisse ziehen. Das ist toll. Auf meinem wuchs ein so schöner Kürbis! Als er reif war, habe ich ihn golden angemalt und in der Weihnachtszeit als Deko vor die Tür gestellt. Das sah großartig aus«, erinnert sich Angelika Milster.

»Aber ich habe doch überhaupt keine Ahnung, kann nicht einmal Staude von Unkraut unterscheiden.«

»Mach es dir einfach. Verzichte auf eigensinnige Pflanzen, und setz bloß keine Dahlien oder andere Knollenpflanzen, die du zum Herbst wieder ausbuddeln musst. Das braucht Zeit, Kraft und Platz. Schließlich müssen die von dir auch noch irgendwo gelagert werden.«

»Ach so? Na, wenn du das sagst...«

»Deine Pflanzen sollten vor allem winterfest sein. Setze Stauden und Sträucher, sodass du das ganze Jahr etwas davon hast. Egal, zu welcher Jahreszeit.«

»Was würdest du denn gar nicht pflanzen?«

»Ich habe zum Beispiel keine Rosen, weil sie viel Pflege brauchen und ich dafür zu oft von zu Hause weg bin. Ich könnte mich gar nicht genügend um sie kümmern. Darum habe ich Cosmeen. Das sind bescheidene Pflanzen. Und von Kapuzinerkresse bekomme ich nicht genug.«

Warum lange sabbeln? Lieber gleich Nägel mit Köpfen machen! Und gleich gibt es eine Gebrauchsanweisung. So ist Angelika. Wunderbar! Stimmt ja auch. Gar nicht lange und unnötig zögern. Viel besser ist es, mit geradem Blick nach vorne weiterzumarschieren – immer dem Glück entgegen. Die Trübsal muss doch besiegt werden, die Traurigkeit abklingen.

Ich will meine Leichtigkeit zurück, meine Fröhlichkeit. Früher saß ich zwanglos mit den Prominenten zusammen. Wir hatten Spaß, lachten, tanzten und tranken – meine Berichte über die Glamour-Society schrieben sich fast wie von alleine. Das ist vorbei. Heute bin ich ausgebrannt, wie mir Frau Doktor Neuenfels noch am Vormittag erklärte. Also muss sich etwas ändern. Aber zackig.

Angelika legt auf. Ich gehe rein. Aufwärmen. Jetzt erst einmal eine Tasse Ostfriesentee vor dem Kamin. Als der Kluntje im heißen Tee zerspringt, kommt mir meine letzte Sitzung mit Attila in den Sinn. Attila ist Coach. Einer, der Führungskräfte beruflich wieder auf den richtigen Weg bringt, wenn die Karriere in Schieflage geraten oder die Unzufriedenheit im Job zu groß ist. Attila berät mich einmal die Woche.

»Woran hast du Spaß? Was könnte dir nachhaltig Freude bereiten?«, fragte er mich das letzte Mal. Ich musste wirklich sehr lange nachdenken, bevor ich ihm nur eine halbwegs passable Antwort geben konnte. Und natürlich kam auch unweigerlich die Frage nach dem Glück. Ja, er wollte tatsächlich wissen, was mich im Job glücklich machen könnte. Auch da musste ich lange überlegen, und mir fiel nichts mehr ein.

Vielleicht sollte ich jetzt erst einmal mit meinem Garten beginnen. Vielleicht haben die ja alle recht. Warum auch nicht? Nach mehr als zwanzig Jahren Promi-Partys, dem Gejette rund um die Welt und dem Wühlen in der Wäsche anderer Leute ist die Gelegenheit doch günstig, um etwas Neues zu beginnen. Erst einmal versuchsweise. Wer weiß, was daraus werden kann.

Erfordert das Mut? Nein! Angst habe ich keine. Auch nicht vor der Niederlage. Ich probiere mich aus. Vielleicht eröffnen sich ganz neue Perspektiven. Wer weiß?

2. Kapitel

Vom roten Teppich auf die grüne Wiese

Jede Promi-Party, jedes Galadinner und auch jedes Staatsbankett hat seine Regeln. Jedes dieser Events, wie man sie neudeutsch nennt, ist von der ersten bis zur letzten Minute durchchoreografiert. Nichts bleibt dem Zufall überlassen. Rein gar nichts. Am perfektesten schwingt übrigens das Protokoll des Bundespräsidialamtes den Taktstock bei den Empfängen unseres Staatsoberhauptes.

Wer kommt wann, wer trifft auf wen und wer sitzt wo – gerade diese Details sind es, die zum Erfolg eines Festes beitragen. Aber selbst, wenn alles gut organisiert ist, quält jeden Gast doch vorher die Frage: Was ziehe ich an? So war es auch, als ich mit der Königin von England in Berlin zu Abend aß.

Staatsbankett auf Einladung von Bundespräsident Horst Köhler und seiner Frau Eva Luise. Weil das Schloss Bellevue renoviert wurde, futtern wir im Berliner Zeughaus Unter den Linden. Ich bin einer von zweihundertfünfzig geladenen Gästen. Die Spitzen der deutschen Gesellschaft treffen sich zum Abendessen royal. Ich trage natürlich meinen Smoking. Frisch gereinigt, flott aufgebügelt.

Vor dem Essen gibt's noch fix ein Sektchen in einem Seitenzimmer des Museums. So kommt Stimmung auf. Ernst August Prinz von Hannover plaudert angeregt mit Joschka Fischer, unserem damaligen Außenminister. Prinzessin Caroline nuckelt derweilen an ihrer Zigarette.

Ein Gong ertönt. Die Prominenz stellt sich auf zum Defilee: Jetzt werden Hände geschüttelt, und zwar die vom Bundespräsidenten, der Queen und ihrem Prinzgemahl und schließlich die Hand unserer First Lady. Wer vom Protokollchef aufgerufen wird, darf loslegen. Erst danach geht's in den Innenhof des Zeughauses.

Ich mümmle mich in Sichtweite der Königin durch den Abend. Ich sitze an Tisch Nummer sieben. Acht Stühle. In der Mitte ein silberner Kandelaber mit fünf weißen Kugelkerzen. Schlichte Damasttischdecke, darauf rote Rosen und champagnerfarbene Hortensien. Silberbesteck mit eingeprägtem Bundesadler, Goldrand-Blümchen-Porzellan aus dem Schloss Bellevue, Marke KPM. Rechts von mir sitzt ein Münchener Pharma-Boss, links ein Berliner Verwaltungsrichter. Einer sagt: »Wahnsinn!«

Das war 2004.

Ich zeige meinem Nachbarn Konstantin die Einladungskarte zu diesem außergewöhnlichen Abendessen. Mittlerweile hängt sie eingerahmt in meinem Arbeitszimmer, für ihn habe ich sie von der Wand abgenommen. »Das war ein großartiger Abend. Es gab einige Kollegen, die waren ziemlich neidisch. Einer hat sich sogar sehr laut hinter meinem Rücken darüber beschwert, dass ausgerechnet ich eingeladen sei und nicht er. Immerhin sei er doch mit der Queen um hundert Ecken verwandt.«

Wir sitzen vor meinem Kamin und trinken einen Tee. Die Füße weit von uns gestreckt.

»Neid muss man sich erarbeiten, den bekommst du nicht geschenkt«, kommentiert der Westfale. »Aber das willst du nun wirklich alles aufgeben?«

»Muss ja nicht für immer sein. Meine Ärztin sagt, ich brauche nun erst einmal Ruhe und Abstand. Ich soll wieder zu mir selbst finden. Besser als im Garten könnte ich das Burn-out gar nicht überwinden. Garten als Medizin – ist doch eine gute Idee?«

»Jetzt aber mal ehrlich: Wie willst du denn ohne Promis, Partys und Champagner leben?«

»Das kriege ich schon hin. Mir bleibt doch nichts anders übrig.«

»Und was ist mit einer Therapie? So auf der Coach. Oder in einem Sanatorium. Ganz schick in den Alpen oder am Bodensee?«

»Das ist nix für mich. Das hab ich auch schon meiner Ärztin erklärt.«

Konstantin lacht. Fix trinkt er seinen letzten Schluck Tee, dann schwingt er sich aus dem Ledersessel, marschiert zur Haustür und sagt: »Wenn's dich glücklich macht, dann kümmerst du dich jetzt eben um deinen Garten und nicht mehr um die Prominenz. Du wirst schon wissen, was richtig ist.« Schon schnappt die Haustür ins Schloss.

Es ist früher Nachmittag. Die Sonne scheint, auf der Terrasse glitzert der Schnee. In der Nacht hatte es geschneit. Endlich ein richtiger Winter.

Ich erinnere mich an Marlene Charell. Die Tänzerin machte einmal mit ihren langen Beinen ganz Europa verrückt – und begeisterte mit ihren TV-Shows auch die Deutschen. Heute lebt sie mit ihrem Mann Roger Pappini zurückgezogen in den französischen Alpen.

Die beiden hatten sich Ende der 1960er im berühmten »Lido« in Paris kennengelernt und ineinander verliebt. Marlene verzauberte damals die Franzosen. Pappini wurde ihr Manager und 1971 ihr Ehemann. Er machte sie zum Weltstar. Sie tanzte in Las Vegas, sang in Nizza und moderierte ihre eigene TV-Show in England. Noch heute sind die beiden ein Liebespaar – und Kampfgefährten.

Er wehrt sich gegen den Krebs, sie steht ihm dabei zur Seite. Immer wieder erleben sie Niederlagen. Doch Aufgeben kommt nicht in Frage. Ich weiß, dass die beiden ihre Kraft für diesen Kampf immer wieder in ihrem kleinen Garten finden.

Ich schnappe mir mein ledernes Notizbuch, das mit den vielen Telefonnummern, suche die von Marlene heraus und rufe das berühmte Revue-Girl kurzerhand an. Es klingelt. Einmal, zweimal. Dann meldet sich die deutsche Show-Legende am Telefon.

»Marlene, macht ein Garten wirklich glücklich. Kann er tatsächlich Balsam für die Seele sein?«, frage ich unumwunden und ganz direkt.

»Absolut. Das Leben ist ja nicht immer einfach, vor allem in unserer Situation«, gesteht sie und ergänzt: »Du weißt, wie krank Roger ist. Wir erleben deswegen immer wieder viele schwierige und auch depressive Momente. Um das zu überstehen, um die Batterien wieder aufzuladen, brauchen wir beide den Garten.«

»Rosenschnippeln und Unkraut zupfen hilft dir wirklich?«

»Und wie. Ich komme nach der Gartenarbeit zwar total kaputt, aber beglückt wieder ins Haus. Der Garten ist für mich keine Last, er ist für mich eine Bereicherung. Er schenkt mir und auch Roger wichtige Kraft.«

»Das klingt wunderbar!«

»Manchmal brauche ich eben eine Pause. Dann muss ich tief durchatmen und die Last abschütteln. Dafür gehe ich in den Garten. Vielleicht nur für eine Stunde. Aber in diesen Minuten bin ich ganz bei mir, nur bei mir. Alles andere bleibt außen vor. Danach kann ich wieder frohen Mutes mit allem anderen weitermachen.«

Draußen vorm Haus schippt Konstantin gerade den Schnee weg. Er winkt, als er mich am Fenster sieht, und fordert mich auf, es ihm gleich zu tun. Ich plaudere lieber mit Marlene. Ich will wissen, wie ihr Garten aussieht. Leider konnte ich sie bisher nicht besuchen. Terminprobleme.

»Er ist gar nicht groß, liegt in den Alpen. Es ist nur ein Gärtchen und längst nicht so groß wie unser anderes Anwesen an der Côte d'Azur. Das hat so siebentausend Quadratmeter. Allerdings hat das mittlerweile unsere Tochter übernommen.«

»Siebentausend Quadratmeter ist riesig. Das ist kein Garten, das ist ein Park...«

»Wenn du hinten fertig bist, kannst du vorne mit der Gartenarbeit wieder beginnen. Das nimmt kein Ende. Ruhe ist eigentlich nur im Winter. Das ist nun nichts mehr für uns. Dafür sind Roger und ich mittlerweile zu alt.«

Marlene ist übrigens in Winsen an der Luhe aufgewachsen. Ein kleines Städtchen in der Nordheide. Nicht weit von meinem Haus. Damals hieß sie noch Angela Miebs. Erst in Paris gab sie sich ihren Künstlernamen – aus Bewunderung für die großartige Marlene Dietrich und den genialen Regisseur Erik Charell.

Ich will es jetzt genau wissen: Was hat es mit dem Stadtgarten auf sich?

»Wir haben das Haus und das Grundstück vor achtundzwanzig Jahren gekauft. Hier ist mein Mann aufgewachsen. Der Garten ist alt, mit vielen alten Bäumen. Aber natürlich habe ich über die Jahre ordentlich Hand angelegt und ihn so gestaltet, wie er uns gefällt. Vor allem Rosen habe ich gepflanzt.«

»Rosen sollen aber komplizierte Pflanzen sein. Wenn die nicht das richtige Plätzchen haben, blühen die nicht – habe ich mir sagen lassen ...«

»Das ist richtig. Vor sechs Jahren wurde nach mir eine Rose benannt. Diese Rose ist sehr empfindlich. Sie ist zwar sehr schön, duftet auch wunderbar nach Apfel, ist aber eben sehr sensibel.«

»Eine Diva?«

»Eigentlich nicht. Ich habe sie gleich hier in den Garten gepflanzt, aber sie drohte zu verkümmern. Also habe ich sie umgepflanzt. Da ging es ihr aber immer noch nicht besser, also habe ich sie erneut ausgebuddelt und umgesetzt. Und jetzt explodiert sie nahezu jeden Sommer. Sie ist so schön und so voller Blüten, dass es das Herz erfreut. Sie stand vorher nur falsch. Ich weiß gar nicht, wo das Problem lag, aber der Platz im Garten hat ihr wohl nicht gefallen. Eigentlich ist das merkwürdig, denn das erste Plätzchen war nicht zu schattig, eher sonnig. Die Erde ist auch gut. Besser ging's nicht. Ihr hat es dennoch nicht gefallen.«

Die ollen Griechen krönten in der Antike die Rose zur Königin der Blumen. Seit nun schon mehr als zweitausend Jahren wird sie gezüchtet. Dreißigtausend unterschiedliche Arten soll es geben. Unglaublich.

Marlene spricht schnell, mit französischem Akzent. Ihre Sätze überschlagen sich. Die Worte purzeln nur so vor Gartenbegeisterung. »Eiserne Regel: Rosen dürfen nicht bedrängt werden, und dort, wo schon mal eine gestanden hat, solltest du keine neue mehr pflanzen. Du musst wissen, Rosen wollen kein gebrauchtes Zuhause. Die lieben die Exklusivität. Aber wenn man sich mit Pflanzen beschäftigt, lernt man das ziemlich schnell. Denk daran, wenn du Rosen in deinem Garten haben möchtest. Unbedingt.«

Ich bin skeptisch. Wieder einmal. Mir ist das alles noch ziemlich fremd. Ganz ehrlich: Noch sehe ich mich nicht als Gartenfee. Also nörgle ich: »Ich weiß nicht, ob Rosen etwas für mich sind. Die werden mir zu schnell krank. Stimmt doch, oder?«

»Rosen wollen luftig gepflanzt werden. Du darfst sie nicht zu dicht setzen. Zugegeben, einige meiner Rosen hatten früher oft Rost, das sind diese dunklen Flecken auf den grünen Blättern. Die Blätter fallen schließlich ab. Aber es hilft, wenn du Kaffeesatz um die Rose streust und in die Erde einarbeitest. Das ist mein geheimes Hausmittel. Ein Priester hat mir das vor langer Zeit verraten.«

»Kaffeesatz? Tatsächlich?«

»Ja. Du trinkst doch so viel Kaffee, also sollte davon doch immer etwas da sein. Das ist eine ganz grandiose Idee.«

»Klingt praktisch. So kann man seinen Abfall natürlich auch entsorgen.«

»Ich mache das täglich. Immer nach dem Frühstück. Dann kommt der frische Kaffeesatz zwischen die Rosen. Er wird eingeharkt, dann noch ein wenig gegossen und fertig. Wir hatten in letzter Zeit viel Regen, und dennoch habe ich keinen Rost auf meinen Rosen entdeckt. Also scheint der Kaffeesatz zu helfen.«

Plötzlich schießt mir eine Frage durch den Kopf: Gibt's für die Gartenarbeit eigentlich einen Dresscode? Muss ich mich an irgendeine Kleiderordnung halten? Was gilt es unbedingt zu beachten?

Zum Abendessen mit der Queen schmeiß ich mich natürlich in den Smoking. Tanze ich über den Wiener Opernball, muss es der Frack sein. Für eine Vernissage reicht dann auch schon mal die Jeans zum stylishen Jacket. Wer auf Nummer sicher gehen will, macht mit dem kleinen Schwarzen nie etwas verkehrt. Passt immer. Nur nicht zur Gartenarbeit. Im Garten gelten andere Regeln – das ist sogar mir bewusst.

Ich erinnere mich an eine Unterhaltung mit Modezar Wolfgang Joop. Es war nur eine der üblichen Partyplaudereien, die man als Klatschreporter führt. Damals drehte sich das Gespräch um Stilfragen. Ich wollte von ihm wissen, was er denn bei der Gartenarbeit trägt. Immerhin erntet Wölfchen seine eigenen Tomaten, und als Modedesigner möchte man dabei vielleicht ganz besonders schick aussehen – auch wenn's keiner sieht.

Joop grinst, winkt ab und rollt mit den Augen. Es gäbe kein spezielles Outfit und auch keinen modischen Trend, dem er im Garten hinterherjagen würde. Zur Ernte würde er nur gerne seine Clogs tragen. Die seien ein absolutes Muss. Bequemer ginge es nicht.

»Ja, warum denn auch nicht«, erklärt mir Marlene Charell am anderen Ende der Telefonleitung. »Ich trage ja auch ganz unterschiedliche Sachen im Garten. Je nachdem, wie das Wetter ist und welche Arbeit ich erledigen will.«

»Was ziehst du denn zur Gartenarbeit an?«

»Das ist ganz unterschiedlich. Mal Shorts, mal Jeans.

Je nachdem, wie das Wetter ist. Wenn es regnet, habe ich Gummistiefel an, wenn es schön ist, Sandaletten.«

»Das ergibt Sinn.«

»Es kommt auch immer darauf an, was du im Garten erledigen willst. Willst du einen Baum pflanzen und arbeitest deswegen mit dem Spaten, solltest du besser festes Schuhwerk tragen. Willst du aber nur die verblühten Rosen abschneiden, dann kannst du das auch in Sandaletten machen. Nur nicht barfuß! Die Gefahr ist viel zu groß, dass du dir einen Stachel eintrittst.«

»Also ist nix mit Dresscode für den Garten?«

»Nein, so etwas gibt es nicht. Da musst du dir keine Sorgen machen. Das Wichtigste ist, dass du dich bei der Arbeit wohlfühlst. Es hüpft ja nicht gleich ein Paparazzo aus dem Gebüsch und die Queen wird dich auch nicht tadeln.«

Schnulzen-Königin Rosamunde Pilcher macht's auch so. Ganz lässig. In Blümchenbluse und beigefarbener Baumwollhose schnippelt sich die Autorin durch ihre englischen Rosenbeete. Oder Hollywood-Beau Jake Gyllenhaal, der hübsche Kerl aus »Brokeback Mountain«. Er gräbt seinen Acker in T-Shirt und Shorts um. Nicole Kidman trägt bei der Gartenarbeit sogar einen Hut. Wegen der Sonne.

»Es gibt übrigens auch coole Klamotten für die Gartenarbeit bei den landwirtschaftlichen Genossenschaften«, erklärt mir mein Nachbar Konstantin später bei einer weiteren Tasse Tee. Er hat den Gehweg vor seinem Haus mittlerweile vom Schnee befreit und wärmt sich wieder vor meinem Kamin auf.

»Tolle Cargohosen zum Beispiel. Die gibt's da in kurz oder lang. Mit vielen Seitentaschen. Da kannst du allerhand Zeugs reinstopfen.«

»Machen die nicht dick?«

»Na ja, du kannst natürlich auch eine Gartenschürze tragen. Aber ob das nun unbedingt das Richtige für dich ist? Ich weiß ja nicht…«

So schlecht finde ich die Idee mit der Gartenschürze gar nicht. Die sind praktisch, bequem und schick. Vor allem, wenn man nur kleine Arbeiten im Garten oder das Umtopfen auf der Terrasse erledigen will. Der Vorteil: Man muss sich nicht komplett umziehen, wenn man nur eine Kleinigkeit im Garten oder auf der Terrasse erledigen will. Das spart Zeit. Auch Männer können sie ohne Weiteres tragen. Jedenfalls steht das in einer der Gartenzeitschriften, in denen ich so gerne blättere.

Konstantin nippt am Tee, lehnt sich gemütlich zurück und schaut ins Feuer. »Du solltest wirklich bei der Genossenschaft vorbeischauen. Da gibt's einfach alles, was du brauchst. Handschuhe, Hosen, Schuhe. Sogar Armschoner. Jeder, der einmal Brombeeren aus einem großen Strauch geerntet hat, weiß, wie wichtig die sind.«

»Aber alle sagen doch, es ist egal, was ich anziehe. Es gibt keinen Dresscode.«

»Ja, hörst du denn nicht zu? Beispiel Rosenschneiden. Dafür brauchst du unbedingt lederne Handschuhe. Sonst zerstichst du dir jedes Mal die Flossen. Das Beste ist, du nimmst welche, die fast bis zum Ellenbogen reichen.«

»Wenn du das sagst. Du hast die Erfahrung, ich nicht.«

»Auch beim Buddeln solltest du unbedingt Handschuhe tragen. So bleiben deine zarten Reporterhändchen schön sauber, und keine aufgebrachte Ameise kann dich zwicken.«

Mein Nachbar nickt bestimmend. Ich schenke mir noch etwas Tee nach und lege neues Holz aufs Feuer.

Jetzt wird's gemütlich – und Konstantin dreht auf. Aber so richtig.

»So wie ich dich kenne, musst du bei der Gartenarbeit aber weniger auf deine Hände achten, sondern viel mehr auf deine Füße.«

»Was soll das denn nun?«

»Wie Marlene Charell zu Recht sagte, brauchst du für einige Arbeiten ordentliches Schuhwerk. Und ich würde sagen, du solltest das lieber jedes Mal tragen, wenn du im Garten rumhantierst.«

»Ach?«

»Sicher ist sicher. Wer in den Beeten arbeitet – umpflanzt, zurückschneidet, einbuddelt oder umsetzt –, der sollte schon festeres Schuhwerk tragen. Das beugt nicht nur kalten und nassen Füßen vor, sondern schützt auch vor Unfällen.«

Jetzt wird gefachsimpelt: Gartenschuhe und Gummistiefel haben eine griffige Sohle, erfahre ich. Sie bieten Halt und verhindern das allzu leichte Ausrutschen. Sind sie dreckig, kann man einfach den Gartenschlauch nehmen und sie abspritzen. Danach dann ab damit zum Trocknen in die Sonne.

»Camilla und Prinz Charles tragen auch immer Gummistiefel bei der Gartenarbeit«, sage ich mit geschlossenen Augen. »Klar, dass ich auch welche will.« Konstantin lacht. »Also, so ganz kannst du dann wohl doch nicht die Finger von den Promis lassen, was?«

Von Herzogin Camilla weiß man, dass sie lieber auf Highgrove, dem privaten Wohnsitz von Prinz Charles in den Cotswolds, in den Beeten Unkraut zupft, als auf Londoner Partys Small Talk zu führen. Eine Partymaus war sie eben nie, eher eine Wühlmaus – heißt es immer wieder. Jetzt kann ich mal auftrumpfen. Nun bin ich in meinem Element. Mein Nachbar schweigt und hört zu.

Man kann es sich nur zu leicht vorstellen, wie Camilla sich in robuster Hose und Bluse, das Haar unter einem Kopftuch zusammengebunden, durch den Garten arbeitet. Früher auf Ray Mill House, ihrem langjährigem Wohnsitz, nun auf Highgrove. Heutzutage trägt die Herzogin von Cornwall dazu bestimmt ein abgelegtes Tweed-Jacket von Charles. Ist es zu windig oder zu nieselig vielleicht auch eine abgewetzte Barbour-Jacke. Aber das ist dann auch schon das höchste der Gefühle. Englischer Landadel eben.

»Camilla ist Landfrau durch und durch. Erst nach langer Zeit hat sie sich mehr oder weniger ins höfische Korsett zwingen lassen«, hört man immer wieder von Leuten, die es wissen müssen. »Ihr blieben aber die kleinen Fluchten nach Highgrove. Ray Mill House ist leider längst verkauft.«

Es war ein schönes Zuhause. Eines, an dem ihr Herz hing. Auf Ray Mill House fühlte sie sich geborgen und sicher. Dort sind ihre Kinder aufgewachsen. Auch hier legte sie im Garten selbst Hand an. Auf ihre Rosen war sie schon immer stolz, ihr schöner Rasen wurde von allen gelobt. Man kann es sich nur zu gut vorstellen, wie sie sich erschöpft, aber glücklich auf die Grabegabel stützt, mit der sie gerade den Pferdemist in den Beeten verteilt hat. Dreck an den Stiefeln, Schmutz an den Handschuhen. Aber glücklich.

»Gut aufbereiteter Pferdemist ist das Beste, was du deinen Rosen und den anderen Pflanzen im Garten antun kannst«, bestätigt mir Schlagerstar Claudia Jung am nächsten Morgen. Sie hat gerade ihre neue CD herausgebracht. Jetzt wollten wir eigentlich darüber sprechen. Aber: Pustekuchen! Jetzt will ich lieber alles über Claudias Garten erfahren.

»Und was du bei der Gartenarbeit anhast, spielt tatsächlich kaum eine Rolle. Das kann eine alte Jeans sein, in der du dich wohlfühlst, oder eine dieser Cargo-Hosen aus der Genossenschaft. Nur auf festes Schuhwerk solltest du achten, das stimmt.«

Die Sängerin weiß, wovon sie spricht. Immerhin lebt sie mit ihrem Mann und der gemeinsamen Tochter seit mehr als zwanzig Jahren auf einem Bauernhof vor den Toren Münchens. Ein kleines bayerisches Paradies, abseits der Öffentlichkeit.

»Mein Garten ist das reinste Chaos«, gesteht der beliebte Schlagerstar. »Den kannst du auch nicht in Form eines japanischen Zen-Gartens anlegen, so mit Steinchen und Buchsbäumchen und trallala. Das geht schon mal gar nicht.«

»Warum nicht?«

»Na ja, bei uns geht der Garten in Wiesen und Weiden über. Auf einem Teil wird das Heu gemacht, den haben wir verpachtet. Ein anderes Stück wird von unserem Nachbarn, dem Bio-Bauern, bewirtschaftet. Und dazwischen sind dann wir. Und trotzdem ist es noch viel.«

»Und das ist dann alles Garten?«

»Nein, nein, ums Haus haben wir mit Steinen ein Mäuerchen gebaut und alles hochbeetartig angelegt. Das ist unser Garten. Da wachsen Pfingstrosen, Gräser, ein Kräuterbeet direkt neben der Küche. Außerdem mein Rhabarber und jede Menge Thymian.«

»Warum gerade Thymian?«

»Thymian ist klasse. Der vertreibt die Nacktschnecken. Wusstest du das nicht?«

»Nein, ich wusste natürlich nicht, dass Thymian Nacktschnecken vertreibt. Woher denn auch?« Claudia lacht.

»Aber es ist wahr. Anscheinend mögen Nacktschnecken den nicht! Überall dort, wo ich Thymian gepflanzt habe, finde ich vielleicht eine oder zwei einsame Nacktschnecken die Woche. Mehr nicht. Aber dort wo ich keinen Thymian gepflanzt habe, feiern die Biester regelmäßig ihre Fressorgien. Da futtern die alles weg. Aber ratzekahl.«

»Wer hat dir diesen Tipp denn gegeben?«

»Die Nachbarin meiner Schwägerin. Eine wunderbare alte Dame mit einem riesigen Bauerngarten. Mensch, Kind, das ist doch klar, hat sie gesagt. Den Thymian mögen die nicht. Überall da, wo du die weghaben willst, musst du Thymian pflanzen. Hab ich dann ja auch gemacht.«

»Klingt gut, sieht bestimmt auch toll aus.«

»Der blüht in Lila und Rosa und zieht ganz viele Bienen an. Mir gefällt's.«

Claudia Jung traf ich das erste Mal in Afrika. Genauer gesagt, in Ruanda. Dort hat sie die Werbetrommel für die Deutsche Welthungerhilfe gerührt, und ich habe für die bunten Zeitschriften der Bauer Media Group exklusiv darüber berichtet. Fünf Tage sind wir gemeinsam durch das arme Land gereist, haben uns Hilfsprojekte erklären lassen, Leid und Elend gesehen. So eine Reise vergisst man nicht so schnell. Die prägt sich ein. Sie schweißt zusammen. Wir hätten das gerne wiederholt, leider ist es nicht mehr dazu gekommen.

»Wir haben im Garten eine ganz klare Aufgabenteilung: Mein Mann mäht den Rasen, ich zupfe das Unkraut. Das ist auch nicht wenig. Als wir damals unsere

Terrasse anlegen ließen, hieß es, das sei alles sehr pflegeleicht. Wir haben hier auch schönen Kies drauf. Leider haben wir keine Matten oder ein Vlies drunter verlegen lassen. Denn immer zum Frühling kommt mit unbändiger Kraft, auch auf der Terrasse, das Unkraut durch. Disteln, Giersch ...«

»Giersch soll eine Plage sein. Stimmt doch, oder?«

»An sich schon, aber ich habe mittlerweile aufgehört, den Giersch zu hassen. Ich komme ohnehin nicht dagegen an. Wenn der im Frühjahr rauskommt, schneide ich nun immer die frischen Triebe ab, und wir machen Pesto daraus. Das schmeckt göttlich. Pesto kannst du ja mit ganz vielen Kräutern machen. Mit Basilikum oder Petersilie, aber eben auch mit Giersch.«

»Auch ein Weg, das Unkraut loszuwerden. Wie macht man so ein Giersch-Pesto?«

»So wie man jedes andere Pesto auch machen würde. Ganz einfach. Mit klein gehackten Pinienkernen, geriebenem Parmesan und gutem Olivenöl. Den gehackten Giersch drunterheben, alles in ein Glas – und fertig. Das schmeckt zu Nudeln, auf dem Brot oder zu Frischkäse. Einfach grandios.«

Die einfachsten Dinge sind eben oft doch die schönsten, denke ich. Und es muss ja auch nicht immer gleich ein Abendessen mit der Queen sein – oder? Auch wenn das Essen damals im Berliner Zeughaus wirklich lecker schmeckte und alle so hübsch und elegant angezogen waren.

Statt, wie damals, im feinen Smoking gebeizten Tafelspitz mit Endiviensalat oder Welsfilet mit glasierten Petersilienwurzeln, brandenburgischen Dammhirschrücken und Kürbiskern-Eis zu futtern, würde ich jetzt doch lieber das

Giersch-Pesto von Claudia Jung ausprobieren oder Rosen schnippeln wie Marlene Charell. Aber ich muss mich noch gedulden.

Noch ist Winter. Drinnen flackert das Feuer im Kamin, draußen tanzen die Schneeflocken im Licht der Straßenlaterne. Konstantin hat ganz umsonst den Weg vor seinem Haus frei geschaufelt, denke ich und freue mich auf den Frühling. Dann ist es so weit. Dann kann ich endlich loslegen im Garten – genauso wie meine Stars in Gummistiefeln.

3. Kapitel

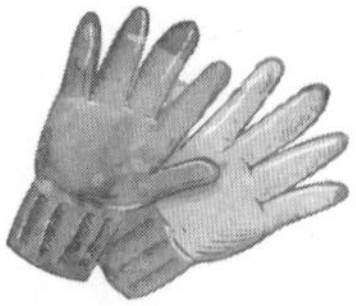

Es soll blühen, das ganze Jahr!

Also, wenn schon Garten – dann aber richtig, oder? Er soll duften, blühen, leben. Am liebsten das ganze Jahr über. Egal, ob Staude, Strauch oder Baum. Tulpen im Frühling wären schön, Rosen im Sommer. Aber was ist mit den Wochen und Monaten dazwischen? Gibt's überhaupt etwas, das auch im Herbst blüht, wenn die Bäume bereits ihre Blätter verlieren? Oder im Winter? Ja, was ist eigentlich mit bunten Blüten im Winter? Geht da was?

»Aber sicher geht da was«, erklärt mir mein Nachbar Konstantin. »Du bist doch nicht auf den Kopf gefallen. Recherchier doch mal. Bestimmt bekommst du die richtigen Tipps.«

»Du könntest mir doch auch helfen, oder?«

»Klar, aber wenn du die Sache von Anfang an selbst in die Hand nimmst, wirst du dich am Ende am meisten darüber freuen. Knips einfach deinen Laptop an, und informiere dich im Internet oder blättere durch Gartenzeitschriften. Ich habe gehört, es soll sogar tolle Gartenbücher geben, die dir weiterhelfen könnten.« Konstantin knufft mir lächelnd in die Seite. »Aber zuerst solltest du dir darüber im Klaren sein, was du eigentlich für einen

Garten willst. Soll er eher schlicht sein oder üppig, pflegeleicht, oder darf es ein wenig aufwendiger sein?«

»Aha?«

»Ja. Um zu wissen, was du eigentlich willst, solltest du dir die Gärten anderer Leute anschauen – von Freunden, Nachbarn, von mir aus auch die Gärten von Prominenten. Informier dich, lass dich inspirieren. Bestimmt wirst du den einen oder anderen Traumgarten entdecken, der dich begeistert. Mach dir Notizen, Skizzen, fotografiere. Dein grünes Paradies wird die Summe aus allen Gärten werden, die du dir angesehen hast. Jeder steuert seinen Teil bei, und so wirst du dein eigenes Refugium erschaffen. Einen Garten, in dem du dich geborgen und sicher fühlst.«

Sofort erinnere ich mich an den Garten meiner Lieblingsschauspielerin, an den von Hollywood-Komikerin Bette Midler. Der Star aus Filmen wie »Freundinnen« oder »Der Klub der Teufelinnen« engagiert sich seit Jahren für ein grüneres New York. 1995 gründete Bette das »New York Restoration Project«. Eine Million Bäume will diese Initiative auf dem »Big Apple« pflanzen.

»Diese Idee geht zurück auf einen Deutschlandbesuch in den frühen Achtzigerjahren. Mein Mann ist Deutscher, sein Vater lebte in Frankfurt. Hinter dem Haus gab es kleine Gartenparzellen, in denen die Mieter Gemüse anpflanzten und ihre Häuschen verschönerten«, erzählte Bette vor einigen Jahren in einem Interview mit der Wochenzeitschrift *Die Zeit*. Und: »Mein Schwiegervater zog Tomaten, kochte Marmeladen und Gelees – in der kleinsten Küche, die ich jemals gesehen habe. Sie war nicht mehr als drei Quadratmeter groß, aber aus ihr kamen wunderbare Gerichte. Ich erinnere mich an Kartoffeln mit Quark, die bis heute zu unseren Lieblingsgerichten zählen.«

Bettes eigener, privater Garten ist ein Dachgarten mit zauberhaftem Blick auf die New Yorker Skyline. An den Wänden ranken sich lecker duftende Rosen hoch, in Kübeln blühen Hortensien, und dicke Buchsbaumkugeln schenken dieser Oase auch im tiefsten Winter etwas Märchenhaftes. Vom Bodenbelag der Terrasse bin ich übrigens total begeistert, denn Grasplatten wechseln sich schachbrettartig mit Steinplatten ab. Eine herrliche Idee. Hinter schicken Palisadenwänden versteckt sich eine Sitzgruppe, die von mannshohen Birken in Kübeln beschattet wird. Gemütlich. Kuschelig. Ein Ort zum Träumen. Unfassbar, dass sich dieses lauschige Plätzchen im geschäftigen New York befinden soll.

Bette und ihr deutscher Mann Martin von Hasselberg haben sich mit dieser Wohnung und dem dazugehörigen Dachgarten ein ganz besonderes Nest geschaffen – und da ich mir immer denke: Besser gut geklaut, als schlecht selbst dekoriert, mopse ich mir einfach ein paar ihrer Ideen, und schwups habe ich New Yorker Dachgartenflair auf meiner Terrasse in der guten, alten Nordheide.

Konstantins Vorschlag, zu recherchieren gefällt mir immer besser. Für einen eingefleischten Klatschreporter null Problemo. Man muss nur die richtigen Stichworte in die Internet-Suchmaschinen eingeben, und prompt landet man mitten in den Gärten der Hollywood-Prominenz und erhält die schönsten Anregungen für das eigene, grüne Reich.

In Hollywood scheint alles mindestens zehn Nummern größer zu sein als bei uns. Die Häuser sind riesig, die Gärten gigantisch, und das Wetter ist sowieso um Längen besser als unseres. Aber das ist egal. Was zählt, sind die Anregungen. Das können dekorative Details sein oder schicke Pflanzenkombinationen. Und deswegen schaue ich auch bei Nicole Kidman und Keith Urban vorbei – natürlich nur online.

Leinwandschönheit Nicole Kidman lebt anscheinend mit ihrem Ehemann, einem Countrysänger, die meiste Zeit des Jahres auf einer Ranch im US-Bundesstaat Tennessee. Kein Wunder also, dass sie sich selbst gerne als »Landei« bezeichnet.

»Wir haben rund sechzehntausend Quadratmeter Land mit ganz viel Grün. Es gibt Hirsche und Truthähne, die dort durch die Gegend springen. Und ich habe einen eigenen Bio-Gemüsegarten«, erklärt der Star aus Filmen wie »Australia«, »Die Frauen von Stepford« oder »Grace of Monaco« im Interview. Und ergänzt: »Das klingt jetzt nicht wahnsinnig spannend, aber wir lieben es, und ich buddle nur zu gerne in meinem Gemüsegarten.«

Aber was so ein richtiger Hollywoodstar ist – der kleckert nicht, der klotzt. Und darum nennt Nicole Kidman auch gleich zwei Gärten ihr Eigen. »In Australien haben wir eine Farm mit großen Gemüsebeeten, in Nashville einen Obstgarten, und wir machen unsere eigene Marmelade.«

Es sieht bestimmt zauberhaft aus, wenn die Kidman sich durch ihren Garten wühlt. Strohhut auf dem Kopf, weißes T-Shirt, Kaki-Hose. Alles nicht mehr ganz sauber, ein wenig durchgeschwitzt – aber eben hübsch anzusehen. Bestimmt ist kein Unkraut vor dem Hollywood-Star sicher. Alles wird geflissentlich gezupft, gerupft und gekillt. Und damit sowohl Gemüse wie auch Obst durch und durch gesund sind, kommen ihr keine Gifte in den Garten. Nein, alles natürlich.

Nicole ist ja auch ein furchtloses Persönchen. Erst vor Kurzem hat sie doch glatt im Garten eine Tarantel gefangen. Zack und schon war das Spinnentier im Glas. Während ihre Kinder noch hysterisch kreischten, lächelte Nicole schon in die Kamera und präsentierte das Vieh im Internet ihren Fans.

Nachdem ich mir schon einige Anregungen bei Bette Midler geholt habe, denke ich mir nun, dass auch ein wenig Nicole Kidman meinem Garten guttun könnte. Obstbäume würden sich doch hinterm Haus ganz gut machen. Mindestens vier: Kirsche, Apfel, Birne und Pflaume – so kann ich schließlich auch meine eigene Marmelade kochen. Das soll ja auch immer ein schönes Geschenk für Freunde sein.

Im Fernsehen auf RTL läuft gerade *Exklusiv – Das Starmagazin*, die wunderbare Promi-Sendung des Kölner Privatsenders. Moderiert wird das Magazin von Frauke Ludowig. Frauke macht das schon seit 1995. Während meiner Jahre als Klatschkolumnist für die Berliner Tageszeitung *B.Z.* stand ich hin und wieder als Society-Experte für ihre Sendung vor der Kamera. Egal, ob Boris Becker eine neue Liebe gefunden hatte, es in der Berliner Promi-Szene Stunk gab oder in britischen Königspalästen der Haussegen schief hing – ich wurde eingeladen, als Experte meinen Senf dazuzugeben, und ich hab's immer gern getan.

Da ich weiß, dass sie einigermaßen gartenverrückt ist, schicke ich Frauke ganz fix eine E-Mail in die Redaktion. Vielleicht kann sie mir ebenfalls Anregungen für meinen Garten geben. Eine Mail ist schließlich schnell getippt. »Wie sieht eigentlich dein Garten aus?«, frage ich die erfolgreiche Moderatorin und ausgezeichnete Redaktionsleiterin. Ich muss auch nicht lange auf die Antwort warten.

»Wir haben eine Rasenfläche mit Spiel- und Turngeräten für die Kinder. Wir hegen und pflegen seit Jahren unsere Hortensien. Diese kommen jedes Jahr wieder und sind inzwischen riesengroß«, antwortet sie.

»Ich will mir meinen ersten, eigenen Garten anlegen. Welche Tipps kannst du mir geben?«

»Regelmäßig gießen, ab und zu düngen und abgestorbene Blüten entfernen.«

»Mit welcher Einkaufsliste schickst du mich in die Gärtnerei?«

»Bambus, Schilf und Hortensien. Alles pflegeleicht und auch optisch ein Highlight.«

Nebenbei schaue ich mir Bilder von Rydinghurst an, dem traumhaften Anwesen, auf dem Ex-Beatle Ringo Starr mit seiner Frau, dem Ex-Bond-Girl Barbara Bach, fünfzehn Jahre residierte. Es steht im südenglischen Surrey und ist schlicht atemberaubend. Das Herrenhaus aus dem 17. Jahrhundert steht auf knapp achthunderttausend Quadratmeter Grundstück – inklusive See, lauschigem Garten voller hübscher Lilien, wohlduftendem Jasmin und eleganten Azaleen samt Reitgelände.

Mich interessiert natürlich nicht der Indoor-Pool oder das Heimkino, auch nicht eines der sechs Schlafzimmer mit seinen luxuriösen Bädern oder die schicken Empfangsräume. Schon gar nicht die vielen Antiquitäten. Nein. Ich will mehr vom Garten sehen.

An den Hauswänden klettert wilder Wein empor, die Terrasse auf Rydinghurst ist von duftenden Rosen umgeben, und zum Schlendern lädt der Kiesweg ein, vorbei an Beeten, die mit akkurat geschnippelten Buchsbäumchen eingefasst sind.

»Wo ich herkomme, hatten wir keinen Garten«, sagte Ringo Starr einmal im Interview mit der englischen Zeitung *The Telegraph.* Seine Leidenschaft fürs Gärtnern hat sich erst mit den Jahren entwickelt. »Zu dem ersten Haus, das ich im Jahr 1965 gekauft habe, gehörte ein kleiner Acker. Dort habe ich meine ersten Kartoffeln gepflanzt – wie wir die ersten Kartoffeln ausgebuddelt haben, werde ich wohl nie vergessen. So schön ist die Erinnerung daran.« Sein Band-Kollege George Harrison sei bis zu seinem Tode 2001 ein unglaublicher Gärtner gewesen, berichtet Ringo und ergänzt: »Ich bin in seine Gärtner-Fußstapfen getreten, und Georges Witwe Olivia steht mir dabei mit Rat und Tat zur Seite.«

Aber wenn ich mir so die Fotos von Rydinghurst anschaue, denke ich mir, dass Ringo Starr den Garten doch bestimmt nicht alleine so toll in Schuss gehalten hat. Sicher hat ihm eine ganze Armee an Gärtnern die schlimmsten Arbeiten abgenommen. Allein das Rasenmähen dauert doch bestimmt Stunden, bei der Grundstücksgröße.

»Wer mäht eigentlich deinen Rasen?«, frage ich TV-Moderatorin Frauke Ludowig. Sie antwortet: »Ein Gartenroboter macht das wie von Zauberhand, und immer dann, wenn es nötig ist.«

Wie bitte? Ein Roboter kümmert sich um Fraukes Rasen? Das gibt's doch gar nicht! Aber ich erfahre ziemlich fix, dass diese Dinger der neueste Trend in deutschen Gärten sind. Klein, schnittig und nahezu im Dauerbetrieb kümmern sie sich um die Grünfläche. Sie mähen, mulchen und sorgen so für einen Rasen, der jedem englischen Golfplatz Konkurrenz machen kann.

»Und was kann ich sonst noch tun, damit mein Rasen gut aussieht? Welchen Tipp kannst du mir geben?«

»Das ist die Herzensaufgabe meines Mannes, dazu kann ich gar nicht viel sagen.«

»Schade. Ist Unkrautzupfen denn mehr dein Ding? Das ist ja eine ›Never Ending Story‹...«

»Ja. Unkraut zupfen ist eine tolle Meditationsaufgabe. Man kann die Gedanken dabei richtig schön ›fliegen‹ lassen. Und das Ergebnis nach getaner Arbeit macht ebenfalls glücklich.«

»Prinz Charles spricht angeblich mit seinen Pflanzen. Du auch?«

»Nein, das liegt eher nicht in meiner Natur.«

»Wie machst du es im Urlaub? Wer kümmert sich dann um deinen Garten? Es soll doch schließlich keine Pflanze verdursten.«

»Freunde gießen dann täglich unsere Blumen, und der Rasen wird durch ein Bewässerungssystem versorgt.«

Andere Promis machen mehr Tamtam um ihre Gärten. Die mittlerweile verstorbene Mode-Legende Óscar de la Renta zum Beispiel. Der Designer mochte es wohl aufwendiger als Frauke. Üppiger und verspielter. Wer es schafft, in Óscars Garten im amerikanischen Kent einen Blick zu werfen, der denkt doch eher an verwunschene Schlossparks oder versteckte Klostergärten, aber nicht an das amerikanische Zuhause eines Schneiders. Zu Óscars Kundinnen gehörten übrigens die amerikanischen First Ladys Jackie Kennedy und Hillary Clinton, aber auch Promis wie »Sex and the City«-Star Sarah Jessica Parker, Sängerin Taylor Swift oder Hollywood-Liebling Cameron Diaz.

»Obwohl ich die Natur seit meiner Kindheit geliebt habe, habe ich nie gedacht – vielleicht weil ich immer in Städten gelebt habe –, dass ich eines Tages einen eigenen Garten haben würde«, gestand Óscar in einem seiner letzten Interviews in der Zeitschrift *Cottages & Gardens*.

Im Frühjahr blühen im Garten des Modezars weiße Tulpen, im Sommer rote Rosen, und im Herbst beginnen die immergrünen Eiben im Morgennebel ihren Zauber zu entfalten. Alles ist total durchdacht und wohl komponiert

»Zuerst pflanzte ich eine Eibenwand um unseren Pool. Dies wurde schließlich unser allererstes ›Gartenzimmer‹. Dort habe ich auch nur spät blühende, weiße Blumen gepflanzt. Danach habe ich den alten Parkplatz in einen blühenden Garten verwandelt. Und schließlich – mein Liebling – ist, was ich meinen ›geheimen Garten‹ nenne. Er war ursprünglich als Rosengarten gedacht und ist fünfzig mal fünfzig Fuß groß – das sind circa fünfzehn mal fünfzehn Meter. Ein Ziegelweg unterteilt ihn in vier Pflanzzonen. Das ist mein kleines Paradies«, plaudert Óscar de la Renta im Interview aus.

Mittlerweile überlege ich, ob ich nicht lieber einen Kurs belegen sollte. Vielleicht an der Volkshochschule oder in einer dieser edlen Gärtnereien in Hamburg, Berlin oder München. Bestimmt bietet irgendein kompetentes Persönchen einen entsprechenden Lehrgang an. Kann ja ganz lustig sein. »Quatsch«, murmelt Konstantin bei einem Bier am Abend. »Ruf doch einfach weiter deine VIPs an. So kannst du doch locker die besten Tipps zusammenschnorren. Und das kostet dich keinen Cent.«

Und schwups, schon wandert mein Zeigefinger wieder durchs schwarze Telefonbüchlein. Und ganz fix ist die nächste prominente Beraterin gefunden: Gräfin Bettina Bernadotte af Wisborg – aufs Engste verwandt mit der Königin von Schweden und Herrscherin über die Mainau. Bettinas Reich: Eine fünfundvierzig Hektar große Insel mitten im Bodensee. Ein Imperium voller Stauden, Rosen, Sträucher und Bäume. Trubeliger Tourismusmagnet und zugleich Ort der Ruhe und Erholung. Offen für jeden.

Bettinas Telefonnummer ist fix gewählt, ein Gesprächstermin für den nächsten Tag schnell vereinbart. Am anderen Ende der Leitung sitzt nicht nur die Gräfin Bernadotte, sondern auch noch ihr Chef-Gärtner Markus Zeiler. Geballte Gartenkompetenz. Mehr geht wohl kaum. »Liebe Gräfin, gibt's eine Pflanze, die unbedingt in meinen Garten gehört?«

»Ich mag sehr gerne die Tulpe. Nach einem langen, tristen Winter bringt sie die Energie zurück. Es ist doch total faszinierend, wie die Tulpe nach kurzer Zeit mit so viel Frische und Farbe explodieren kann. Aber auch Tulpen brauchen Pflege. Das dürfen Sie nicht vergessen.«

»Ist das so? Ach?«

»Ja, klar. Sind sie verblüht, muss man sie unbedingt so lange stehen lassen, bis die langen Blätter richtig vertrocknet sind. Über ihre grünen Blätter zieht sie die Kraft für die nächste Blüte. Über sie bekommt die Tulpe ihre Nährstoffe. Also erst wegschnippeln, wenn alles vertrocknet ist. Der blütenlose Stiel kann allerdings vorher schon weg.«

»Schön sieht das aber nicht aus. Was kann ich denn da machen, damit mir das nicht so ins Auge springt, Herr Zeiler?«

»Ich kann da nur empfehlen, die Tulpen immer in die zweite Reihe zu setzen und sie mit Pflanzen zu kombinieren, die ihren Höhepunkt haben, wenn's mit der Tulpe bergab geht. Kombinieren Sie die Tulpe einfach mit Stauden, die Sie um sie herum setzen, und zwar so, dass der unansehnliche Bereich nicht so ins Auge fällt. Das Gleiche gilt übrigens auch für den orientalischen Klatschmohn, der ja auch im Frühjahr blüht und sich dann ebenfalls zurückzieht. Auch ihn sollte man so platzieren, dass er dann nicht mehr zu sehen ist.«

»Mit welchen Stauden lassen sich denn Tulpen und Klatschmohn am besten kombinieren?«

»Das kommt natürlich immer auf den Standort an. Aber auf keinen Fall sollten Sie zu komplizierte Pflanzen dafür nehmen, eher etwas Pflegeleichtes. Wir nennen das dankbare Pflanzen – die blühen schön, sehen immer hübsch aus und machen keine Probleme. Wie der Sonnenhut zum Beispiel.«

Mit dem Telefonhörer am Ohr stehe ich an der Tür zur Terrasse. Ja, Tulpen würden sich bestimmt hübsch machen im Garten. In Weiß, Rosa und Rot. Vielleicht auch diese ganz dunklen. Aber pflanzt man Tulpen nicht erst im September oder Oktober? Und überhaupt: Kann ich die Blumenzwiebeln dann einfach so verbuddeln, oder muss ich etwas dabei beachten?

Zurück im Arbeitszimmer, surfe ich auf der Suche nach Antworten im Internet. Aha, hab eine Anleitung gefunden. Das ist ja gar nicht so schwer. Wichtig ist, dass das Wasser gut abziehen kann, damit die Blumenzwiebeln nicht so schnell faulen. Ist der Boden also zu lehmig, sollte man die Tulpenzwiebeln auf einer Schicht Sand betten. Das Pflanzloch sollte übrigens doppelt so tief sein, wie die Zwiebel hoch ist. Und immer schön darauf achten, dass die kleinen Würzelchen nach unten wachsen können. »Woran sollte ich denn noch denken, wenn ich mir einen Garten anlege?«, frage ich Garten-Direktor Markus Zeiler.

»Vor allem sollten Sie schauen, dass er ganzjährig attraktiv ist. Das heißt, im Winter, wenn nichts mehr blüht, darf er nicht an Reiz verlieren und muss Struktur zeigen. Darum würde ich auch Gehölze und Gräser mit einplanen. Bei den Gehölzen sollte auch das eine oder andere Immergrüne dabei sein, vielleicht eine Eibe. Wenn Sie im Winter von Ihrer Terrasse schauen oder aus Ihrem Wintergarten blicken, sollten Sie doch nicht auf eine leere, langweilige Gartenfläche schauen müssen, oder? Und dann haben wir Gärtner auch den Anspruch, dass ganzjährig etwas blüht…«

Okay, eine Tanne habe ich schon im Garten stehen. Die wurde extra für meine Weihnachtsbeleuchtung gepflanzt. Wenn's dann im Winter auch noch schneit, wird mir richtig warm ums Herz. Ja, ich gebe zu: Ich liebe weihnachtlichen Kitsch. »Aber wie schaffe ich es, dass das ganze Jahr über etwas in meinem Garten blüht, Herr Zeiler?«

»Sie müssen darauf achten, dass nicht im Frühjahr das komplette Feuerwerk abgefeuert wird und dann tote Hose im Garten herrscht. Bevor Sie Ihren Garten bepflanzen, sollten Sie sich unbedingt einen Pflanzplan zeichnen. Überlegen Sie sich, welche Pflanzen Ihnen gefallen und was Sie mit diesen kombinieren könnten.«

»Wie gehe ich da am sinnvollsten vor?«

»Bei der Planung fangen Sie am besten mit den Leitstauden an, also mit den Stauden, die groß sind und sehr schön blühen. Dazu gehört der Rittersporn, aber auch der Phlox oder die Dahlien. Und die platziert man dann einzeln. Da gibt's dann auch auf den Etiketten entsprechende

Hinweise, wie die zu verwenden sind. Nach und nach füllt man dann die noch freien Plätze mit Begleitstauden und Bodendeckern.

»Also erst planen, dann pflanzen?«

»Genau. So macht man einfach einen guten Pflanzplan. Dann legen Sie noch eine Tabelle an, in der Sie festhalten, was wann blüht. So können Sie ganz schnell sehen, wo noch ein Blütenloch ist, wo Sie noch nachjustieren müssen. Diese Lücken können Sie dann auch sehr gut mit sommerblühenden Blumenzwiebeln füllen. Mit Gladiolen oder ähnlichen Pflanzen.«

Also werde ich wohl erst einmal die Buntstifte zücken. Macht nichts. In der Schule gehörte Kunst zu meinen Lieblingsfächern. Aber hab ich so etwas überhaupt noch? Ich glaube nicht. Also muss ich nach dem Interview wohl erst einmal zum Schreibwarenladen, Malblock und Stifte kaufen. In Gedanken mache ich mir schon meine Einkaufsliste und nuschle in den Hörer: »Das scheint ja gar nicht so kompliziert zu sein…«

»Das ist es auch nicht. Es ist einfach nur Übungssache.«

»Wie viel Übung brauche ich denn, um einen schönen Garten zu bekommen?«

»Zugegeben: Eine gewisse Erfahrung ist da schon von Vorteil. Aber die sammelt man über die Jahre. Und das ist doch auch das Schöne am Garten, man kann einfach loslegen und dann Erfahrungen machen, aus denen man lernt. Aber Gartenarbeit macht auch Spaß – etwas herauszunehmen, umzupflanzen, Stauden zu teilen oder einfach mal Neues in der Gärtnerei zu entdecken. Das macht den Reiz aus. Außerdem: Ein Garten ist nie fertig.«

Ich lege die Füße auf meinen Schreibtisch und lehne

mich in meinen Stuhl zurück. Das bin ich nicht gewohnt – mich auf etwas einzulassen, mit der Gewissheit, niemals fertig zu werden. Als Reporter musste ich Schlusstage und Andruckzeiten einhalten. Meine Klatschgeschichten mussten immer püntklich fertig sein, damit sie in Druck gehen konnten und die Zeitschrift oder Zeitung rechtzeitig auf den Markt kam. Das bedeutete natürlich schnelle Recherche, flinkes Schreiben und jede Menge Stress. Und jetzt? Jetzt gibt's das nicht mehr, weil ein Garten niemals fertig wird? Wie wunderbar! Das ist doch Entspannung pur. Besser geht nicht. Darum frage ich Gräfin Bettina: »Also immer schön mit der Natur gärtnern und nicht gegen sie. So ganz ohne Zeitdruck und Terminstress?«

»Ja, genau. Dazu gehört auch eine gewisse Toleranz, die erlaubt, mit den Gegebenheiten zu leben, wie sie nun einmal sind, und mit ihnen entsprechend umzugehen.«

Der Wind weht durch das offene Dachfenster, der Nachbar nebenan mäht laut seinen Rasen, der von gegenüber lässt die elektrische Heckenschere kreischen. Egal. Es gibt Schlimmeres im Garten. »Zum Beispiel Maulwürfe. Die sind doch oft wirklich ärgerlich. Immerhin können die ganz fix meinen Rasen kaputt machen.« Die Gräfin lacht, der Gartendirektor erklärt: »Da sind Wühlmäuse aber viel schlimmer.«

»Ach? Wie kann ich denn einen Wühlmaushaufen von dem eines Maulwurfs unterscheiden?«

»Der Maulwurfhaufen ist schön trapezartig aufgeworfen. Ein schöner, regelmäßiger Haufen. Während der von der Wühlmaus wirklich sehr verwühlt aussieht. Die Ausgänge liegen bei ihren Haufen an der Seite.«

Anders als in der Schweiz, stehen in Deutschland und Österreich Maulwürfe unter Natur- und Artenschutz. Man darf diese bedrohten Tiere weder jagen noch fangen und schon gar nicht töten. Lediglich das Vertreiben durch Lärm und bestimmte Geruchsstoffe ist erlaubt. Wer einen Maulwurf in Deutschland tötet, muss sogar mit einer Freiheitsstrafe von bis zu drei Jahren rechnen. Egal, wie groß der Ärger über diesen Gartenbesucher sein mag – den Maulwurf zu töten ist jedenfalls keine Option.

»Aber bei der Wühlmaus sind wir definitiv frei in der Bekämpfung«, erklärt der Gartendirektor der Gräfin.

Gewalt ist ja nicht so mein Ding. Ich kann keiner Fliege etwas zuleide tun. Spinnen werden bei uns aus dem Haus hinausgetragen, nervende Wespen durch das offene Bürofenster vertrieben, und die Maus, die sich einmal in unserem Keller verlaufen hatte, wurde eingefangen und auf dem Feld vorm Haus wieder ausgesetzt. »Wie kann ich denn meine Pflanzen vor der Wühlmaus schützen? Wenn die sich durch meinen Garten buddelt, knabbert die doch bestimmt auch an meinen Tulpenzwiebeln.«

»Man sagt, die Kaiserkrone würde wegen ihres etwas unangenehmen Geruchs die Wühlmaus vertreiben. Darum ist es sinnvoll, die Tulpen mit der Kaiserkrone zu kombinieren. Es gibt allerdings auch professionelle Fallen, die man in die Erde setzen kann. Allerdings muss man dabei fix sein, denn die tote Wühlmaus darf nicht zu lange in der Falle liegen. Die Wühlmaussippe bekommt das nämlich ziemlich schnell mit und umgeht die Falle dann.«

»Oh, diese Fallen sind wohl nicht so mein Ding. Das klingt brutal.«

»Sie müssen das auch unter dem Standpunkt der Diversität sehen«, erklärt mir Gräfin Bettina. »Unsere toten Mäuse werden aufs Gelände gelegt, und dort werden sie dann von den Raubvögeln geholt. Sie haben doch bestimmt auch in der Nachbarschaft einen Bussard, der sich für solche Happen bedankt, oder? Das ist doch ein toller, natürlicher Kreislauf.«

Und ich merke: Gute Gärtner sind genauso wenig zimperlich wie gute Klatschreporter.

4. Kapitel

Mit Jutta ins Blumenbeet

Morgens, so gegen acht, gibt's den ersten Tee auf der Terrasse, dazu Toast mit englischer Marmelade und die Zeitung. Und dann wird ganz in Ruhe gefrühstückt. Ist es draußen eher kühl, ziehe ich den Morgenmantel fester um meinen Körper und kuschele mich in meine Kaschmirdecke. Ist es wärmer und die Sonne scheint, reichen auch Shorts und T-Shirt. Was für ein Genuss! Das ist Lebensqualität. Darauf möchte ich nicht mehr verzichten. Wem habe ich das zu verdanken? Frau Doktor!

Mein Handy klingelt mittlerweile nur noch selten. Eigentlich kaum noch. Das ist gut so. Anfänglich gab es noch einige forsche Fragen aus der Redaktion. Wann ich wiederkomme? Weiß ich noch nicht! Was denn los sei? Sage ich nicht! Krank, gut und schön – aber so lange? Manchmal dauert es eben etwas länger! Ob ich für das eine oder andere Fest eine Einladung besorgen könnte und was denn nun mit diesem oder jenem Interview sei? Antwort: Nö, keine Ahnung, nicht mein Problem! Es fällt mir zwar immer noch schwer, »Nein« zu sagen, aber jetzt muss ich Grenzen ziehen. Sonst wird das nix mehr mit der Gesundheit. Verständlich, oder?

»Du darfst nicht zurückschauen«, muntert mich Konstantin auf. Wir sitzen auf den Stufen vor meiner Haustür und beobachten die Nachbarschaft. Das machen wir nun nahezu jeden Vormittag, immer gegen halb zwölf. Unser zweites Frühstück.

»Das Leben bietet mehr als hektische Redaktionsstuben und trubelige Promi-Partys. Du wirst sehen«, verspricht er und lächelt.

»Du hast leicht reden. Ich habe nun fünfundzwanzig Jahre als Klatschreporter gearbeitet. Das lässt man nicht so leicht hinter sich.«

»Dass es einfach wird, hat auch niemand behauptet. Wird es auch nicht. Aber du wirst sehen: Dort, wo eine Tür zufällt, geht ein Fenster auf.«

»Jetzt werd nicht albern und nerv mich mit platten Lebensweisheiten.«

»Doch, doch, das ist aber so.«

»Jaja, trink deinen Tee auf, und mach dich wieder an die Arbeit.«

Konstantin war in der Tat selbst einmal sehr erfolgreich. Als Leiter einer Hamburger Werbeagentur betreute er die ganz großen Kunden aus der Zigarettenindustrie und Pharmawirtschaft. Ich glaube, es war sogar ein Bierbrauer dabei und ein Kosmetikgigant. Konstantin hatte Erfolg auf der ganzen Linie: schicke Wohnung an der Alster, flotte Autos in der Garage, hübsche Frauen im Bett – alles, was sich ein Kerl seiner Bauart wohl wünscht.

Dann kam der Krebs, und Schluss war mit lustig. Ganz plötzlich. Erst verlor er seinen Job, dann die Wohnung. Die Autos wurden verkauft, die Frauen blieben weg. Aber Konstantin besiegte den Krebs und kämpfte sich zurück ins Leben. In ein neues Leben. Bescheidener. Gesünder. Glücklicher. So, wie ich es jetzt versuche.

»Alles wird gut. Wirklich. Ich habe diese Erfahrung gemacht. Warum soll es bei dir anders sein? Bist schließlich nicht auf den Kopf gefallen.«

»Ich lass mich überraschen. Jetzt kümmere ich mich um den Garten.«

Mein Garten! Ich muss gestehen: Hin und wieder erinnert er mich an meine beruflichen Anfänge. Verrückt, oder? Aber genauso, wie ich mich an meinen Job herangetastet habe, versuche ich es nun auch mit ihm. Fröhlich, neugierig, naiv.

Los ging's mit meiner Journalistenkarriere während der letzten Semester meines Studiums. Damals fing ich als Praktikant im Kulturressort der *B.Z.* an, immerhin bei Berlins größter Zeitung. Schon am ersten Tag führte ich mein erstes Interview. Das Opfer: Schauspielerin und Regisseurin Brigitte Grothum. Sie war ein Star der TV-Serie »Drei Damen vom Grill« – ansonsten wusste ich nichts über sie. Nullkommanichts. Aber egal. Attacke!

Schritt für Schritt fasste ich Fuß in der Glitzerwelt. Führte Interviews, schrieb Homestorys, verfasste Film- und Theaterkritiken. Am meisten Spaß machten mir die deftigen Klatschgeschichten. Und davon gab's einige. Die habe ich schon zu Beginn auf Partys eingesammelt. Im Theater des Westens genauso wie in der Deutschen Oper, der Paris Bar oder dem Restaurant Borchardt. Eben überall dort, wo Promis mehr taten, als nur frische Luft zu schnappen. Wäre nichts dazwischengekommen, würde ich diese netten Storys immer noch notieren.

Aber jetzt wird nicht geschrieben, jetzt wird gebuddelt und geschnippelt. Ich kümmere mich um meinen

Garten, mein neues Baby, und stelle fest: So groß ist der Unterschied zur bunten Glitzerwelt gar nicht. Zugegeben, es ist nicht so trubelig, eher ruhig und gemächlich – aber auch im Garten gibt's Regeln. Eine lautet, hier wie da: In ist, wer drin ist. So war das mit den guten Promi-Festen, so ist das nun mit meinen Beeten.

»Da hast du schon recht«, versichert mir Konstantin. »Die Zusammenstellung der Pflanzen gleicht schon ein wenig einer Einladungsliste für so eine Glamour-Party.«

»Meinst du wirklich?«

»Ja, es gibt die Stars, die Statisten und auch die Adabeis. Alles da.«

»Und wer ist wer?«

»Rosen sind die Stars, Katzenminze oder Ziersalbei die Statisten, und das Unkraut gehört in die Kategorie Adabei. Ist doch logisch.«

»Jetzt, wo du es sagst...«

»Du kannst auch eine andere Kombi nehmen: Hortensien, kombiniert mit Funkien und Astilben. Die Adabeis stammen dann wieder aus der Unkraut-Society.«

»Wie lustig!«

Später am Nachmittag spreche ich mit Jutta Speidel. Wir lernten uns einst auf dem Deutschen Filmball in München kennen. Tanzten, lachten, tranken. Seitdem weiß ich: Die Schauspielerin liebt ihren Garten.

»Ich finde Rosen manchmal sehr anstrengend«, erklärt der TV-Liebling mir zum Thema »Stars in den Beeten«. Wir plaudern auch über ihre Rosen. Viele hat sie nicht, aber um die wenigen muss sie sich wohl aufmerksam kümmern. »Meinen geht's gerade nicht so gut. Rosenrost. Die Blätter bekommen erst schwarze Flecken, dann werden sie gelb, schließlich fallen sie ab. Jetzt heißt es: Aufsammeln und nichts wie ab damit in den Hausmüll. Aber fix, sonst verbreitet sich der Pilz weiter und steckt auch noch die anderen an.«

Anscheinend gibt es kaum einen Gärtner, dessen Rosen noch nicht mit diesem Problem fertigwerden mussten. Zu anfällig sind vor allem die ausländischen Rosen, auch die alten oder die günstigen aus dem Supermarkt. Warum soll's denen von Jutta Speidel auch anders gehen, als denen der Gräfin Bernadotte af Wisborg. Die Königin der Blumen scheint eben sensibel zu sein.

»Wie behandeln Sie Ihre kranken Rosen?«

»Ach, es gibt da so einige Hausmittelchen. Ich war jetzt allerdings so verzweifelt, dass ich Chemie einsetze und spritze.«

Was kaum einer außerhalb Münchens weiß: Die Schauspielerin hat ein Herz aus Gold. Mit ihrer »Horizont e.V. – die Jutta Speidel-Stiftung« hat sie mittlerweile ein zweites Haus für obdachlose Mütter mit Kindern in Schwabing gebaut. Hier bekommen die Schwächsten der Schwachen ein Dach über dem Kopf.

Das neue »Horizont-Haus« bietet seinen Bewohnern übrigens mehr als nur eigene vier Wände: Es gibt eine Kinderkrippe, eine Kindertagesstätte, ein Restaurant für Hausbewohner und Nachbarn, eine Kulturbühne und eine Kinder- und Jugendwerkstatt, in der gebastelt und getöpfert wird. Was mich ganz besonders begeistert: Jutta Speidel legt für das zweite Haus auch einen grandiosen und großen Garten an.

»Der ist zweitausend Quadratmeter groß. Dort steht schon eine alte Linde. Wir pflanzen noch Apfel- und Zwetschgenbäume, außerdem Himbeer-, Johannisbeer- und Brombeersträucher«, erzählt sie. »So ernten wir von

Juni bis tief in den Herbst das tollste Obst. Daraus stellen wir Kompott und Marmeladen her oder backen damit Kuchen. Verkauft wird das dann in unserem eigenen Restaurant.«

Die Münchenerin ist begeisterte Gärtnerin – das spürt man sofort. Juttas Dschungel ist nicht groß. Vielleicht sieben- bis achthundert Quadratmeter. Aber er ist bunt und wild. Darin drei versteckte Sitzplätze, ein Goldfischteich, ein Mandarinenbaum. Natürlich gibt's auch Hortensien, Funkien und Farne. Aber auch die schon erwähnten Rosen, Flieder und Küchenkräuter. Schneeglöckchen, Maiglöckchen, Primeln. Alles versteckt hinter einer blickdichten Hecke, unter hohen Bäumen.

»Mein Garten ist eine Oase. Dort kann ich mich erholen. Auch, wenn das Unkraut wuchert«, sagt Jutta Speidel. »Stört Sie das denn gar nicht?«, frage ich nur und staune.

»Ich hasse Giersch – und Wicken mag ich auch nicht. Auch wenn sie noch so hübsch sind. Weil sie alles andere erwürgen. Dafür dürfen bei mir die Gänseblümchen blühen und der Klee wachsen.«

»Viele kämpfen in ihrem Garten gegen den Giersch? Andere lassen ihn gewähren. Was tun Sie? Einfach ausrupfen?«

»Aber klar doch. Anders geht's gar nicht. Beim Giersch nehmen Sie eine Schaufel und buddeln so tief wie möglich, obwohl Sie den nie wirklich ganz erwischen werden.«

»Andere machen es sich einfacher und zaubern daraus Pesto und Limonade. Sie nicht?«

»Nee, ich nicht.«

Es muss also auch bei einem so berühmten und beliebten TV-Star wie Jutta Speidel nicht immer perfekt im Garten zugehen. Das finde ich wunderbar. Ich gehöre schließlich auch eher zur unordentlichen Sorte.

»Als ich das Haus damals kaufte, hatte es einen englischen Rasen. Ich finde so einen Rasen an sich sehr schön, aber nicht bei mir zu Hause. Hier funktionierte er nicht richtig. Die Bäume sind zu hoch, werfen viel Schatten und ziehen die Feuchtigkeit aus dem Boden«, erklärt Jutta Speidel. Und weiter: »Es moost bei mir eher. Und dann ist der Boden wahrscheinlich auch zu sauer. Aber bei mir muss es schließlich nicht perfekt sein, nur schön.«

Ihr Garten ist wirklich ein Paradies. Hier fühlt man sich auf Anhieb wohl. So einen möchte ich auch haben. Aber dafür braucht man Geduld. Manchmal jahrelang, lerne ich gerade.

»Meine Hecke besteht aus ganz unterschiedlichen Büschen. Da ist Goldregen dazwischen, Flieder, Buchen, eine Linde, Thujen und Wacholder. Auf alle Fälle ist es keine Spießerhecke.«

»Wie war das damals, als Sie Ihren Garten anlegten? Was haben Sie als Erstes gemacht?«

»Als Erstes habe ich mit einem Freund zusammen ein riesengroßes Loch gebuddelt und einen Teich angelegt.«

»Aha?«

»Ich hatte noch einen großen Bambus. Der musste doch wohin. Der könnte in der Mitte des Teiches stehen, dachte ich. Auf einer kleinen Insel. Also haben wir den Teich einfach um den Bambus herum gebaut.«

»Das sah bestimmt fantastisch aus!«

»Tja, und dann wurde der Bambus neunundneunzig Jahre alt, blühte noch einmal und starb. So ist das bei denen.«

»Och nö, wie blöd.«

»Na ja, vor zwanzig Jahren war das so. Damals sind alle Bambusse, die gepflanzt wurden, schnell gestorben. Als ob die sich abgesprochen hätten. Da war ich jedenfalls sehr traurig und habe mich natürlich gefragt, was ich denn nun mit der Insel machen sollte.«

»Und?«

»Ich habe kurzerhand aus der Insel einen Wasserfall gebastelt. Eine Pumpe holt das Grundwasser hoch, das fließt dann durch einen Schlauch und plätschert gemächlich die aufgetürmten Steine wieder hinunter.«

»Super. Für alles gibt's eben eine Lösung.«

»Mittlerweile ist der Teich auch ganz voll mit Blümchen und anderen Gewächsen. Das ist ein richtig tolles Biotop geworden. Dort schlüpfen diese wunderbaren Riesenlibellen, die fast zehn Zentimeter lang sind. Die fressen das ganze Schilf ab, und es bleiben nur diese dünnen Stängelchen übrig. Da hängen dann wieder fünfzig oder sechzig kleine Larven dran, und ich weiß, dass ich im nächsten Jahr wieder eine ganze Menge Libellen im Garten haben werde. Das ist wunderbar!«

»Dabei sieht man Libellen heute doch gar nicht mehr so oft.«

»Stimmt. Darum mähe ich den Rasen auch erst dann, wenn's unbedingt sein muss. Damit viel Abgeblühtes für die Tiere bleibt.«

»Das klingt nach einem Paradies für Insekten und Kleintiere. Ist das so?«

»Das ist mein Dschungel, aber ein geordneter Dschungel. Ich töte auch keine Nacktschnecken. Ich sammle sie ein und trage sie fort. Bei mir kreucht und fleucht es. Ich mag das.«

Es soll Menschen geben, denen die Liebe zum Garten in die Wiege gelegt wurde. Jutta Speidel gehört nicht dazu. Zwar hatten ihre Eltern ein großes Grundstück, »aber mit dem Garten konnten die nicht so wirklich etwas anfangen«, erzählt sie. Ist ihr denn im Garten auch schon mal ein Missgeschick passiert?

»Aber logisch. Zum Beispiel mit meiner Magnolie. Die habe ich drei Mal an die falsche Stelle gesetzt. Ich hab's nicht fassen können, dass die nach einem Jahr immer wieder eingegangen ist.«

»Woran lag es denn? Haben Sie das herausgefunden?«

»Der Magnolie war es schlicht zu schattig.«

Aber aus Fehlern lernt man, weiß die erfahrene Gärtnerin. Immerhin blüht die Magnolie mittlerweile auch in ihrem Garten. Ohnehin hat die Schauspielerin keine Scheu, sich bei der Arbeit in ihrem Dschungel die Hände schmutzig zu machen. Da wundert es nicht, dass sie sagt: »Ich kompostiere auch selber.«

»Und was kommt so alles auf den Komposthaufen?«

»Alles, was nicht gekocht ist. Und natürlich kein Fleisch oder Wurst oder so ein Schmarrn.«

»Und dann rottet das einfach vor sich hin, oder muss da noch was gemacht werden?«

»Na ja, der Kompost muss umgesetzt werden. Das bedeutet, dass man mit der Grabegabel darin rumrührt, also das Unterste nach oben holt. Der ist aber so groß, dass ich den nicht jedes Jahr umsetze.«

Mittlerweile weiß ich: Kompost braucht einige Zeit, bis er in den Beeten verteilt werden kann. Die ganzen Küchenabfälle müssen sich schließlich zersetzt haben, bevor sie wertvoller Dünger geworden sind. Manchmal dauert das bis zu zwölf Monate.

»Wie oft entleeren Sie denn Ihren Komposter?«

»Ich habe ihn erst letztes Jahr im Herbst entleert. Das dauert, bis der wieder voll ist. Da gibt's übrigens tolle Sachen, die man da reinschmeißen kann, damit alles schneller kompostiert. Das kann man super in Bio-Läden kaufen.«

»Kompost soll doch angeblich das beste Futter für Pflanzen sein. Nicht umsonst wird er das schwarze Gold des Gärtners genannt...«

»Ja, aber ich dünge auch mit Pferdemist. Meine Tochter hat ein Pferd. Da ist immer etwas Mist da. Es muss aber alter Mist sein, kein frischer. Je trockener, desto besser. Im frischen Pferdemist ist zu viel Ammoniak. Das schadet wohl den Pflanzen.«

Der Garten der Schauspielerin ragt wie eine rundliche Nase in die Nachbarschaft. Die bunte Hecke schützt ihn vor der Straße. Juttas grüne Oase ist ein Wohlfühlort, ein Platz zum Niederlassen und nie wieder Weggehen. »Ich hatte mal eine Fachfrau da, die sich mit Feng Shui auskennt, dieser japanische Lehre der Harmonie. Sie sagte, ich habe alles richtig gemacht im Garten, sogar der Teich würde an der richtigen Stelle liegen.«

Wie wichtig ein Garten für die Seele ist, merke ich auch in diesem Gespräch. Vielleicht liegt es wirklich an der beruhigenden Wirkung der Farbe Grün, vielleicht ist es aber auch einfach nur das Buddeln in der Erde, das Schnippeln der Pflanzen oder das Zusammenfegen des abgefallenen Laubs im Herbst. Gärtner scheinen tatsächlich glücklichere Menschen zu sein. Sie erzählen gerne von ihren Beeten, ihren heimlichen Ecken und schönen Erlebnissen in ihrem Reich. Das ist ansteckend. Das spornt an. Das hilft. Auch mir. Juttas Gästeliste scheint jedenfalls perfekt zu sein. Genau nach dem Geschmack der Gastgeberin. Auch bei ihr kann ich mir was abgucken.

»An meinem Haus klettert eine Hortensie hoch. Die sieht einfach grandios aus, wenn sie blüht«, sagt Jutta Speidel. »Allerdings muss ich heuer einen radikalen Kahlschnitt vornehmen, denn die einzelnen Arme der Hortensie sind einen Meter lang und länger und unglaublich stark. An die musst du mit der Säge ran, um die kleinzukriegen.«

»Uiuiui, macht die denn nicht das Mauerwerk kaputt?«

»Na ja, klar. Die hat wie ein Tausendfüßler ganz kleine Füßchen, mit denen sie sich an der Mauer festhält. Dem Mauerwerk kann das schon schaden, aber das stört mich nicht. Ich muss nur noch vorbeigehen können.«

Efeu sieht zwar hübsch aus und bietet auch Insekten ein wunderbares Zuhause, ist aber nicht gut fürs Mauerwerk. Das musste ich auch schon erfahren. Nachdem wir das Haus meiner Eltern in Ostfriesland von dem Zeug befreit hatten, galt es die Schäden am Mauerwerk und den Fugen zu beseitigen. Auch die Füßchen hinterlassen Schäden. Viel schlimmer sind aber die jungen Triebe. Sie sind zart, schmal und zwängen sich in jede Ritze. Werden sie groß und stark, sprengen sie den Putz oder die Fugen. Beim nächsten Regen dringt dann Wasser ins Mauerwerk ein. Die anschließende Reparatur kann ein Vermögen kosten. So erging es meinen Eltern.

»Die Kletterhortensie wächst aber nahezu ungestört weiter. Warum?«

»Die gab's hier schon. Die war noch klein und bescheiden, als ich das Haus kaufte. Damals ging sie an einer Holzwand hoch, und ich habe ihr gesagt, sie solle einfach mal machen. Jetzt reicht sie schon annähernd fünf Meter hinauf und ist mindestens fünf Meter breit.«

»Also muss man schon aufpassen, dass sie nicht zu wuchtig wird – oder?«

»Dieses Jahr muss ich jemanden kommen lassen, der sie zurückschneidet. Ich schaff das nicht mehr alleine.«

»Ich finde so eine Wandbegrünung toll. Das sieht immer so vornehm aus. Man hat den Eindruck, das Haus verschwindet im Garten ...«

»Ja, die bilden eine echte Einheit. Ich wohne ja auch nicht in einem hochmodernen Haus. Meines wurde sehr solide in den Sechziger- oder Siebzigerjahren gebaut. Ich habe es damals gebraucht gekauft. Darum kann ich nicht genau sagen, wie alt es wirklich ist. Aber das Schöne ist, dass es mit sehr viel Holz eingekleidet ist. Da passt das mit dem Garten ganz wunderbar.«

Ich könnte mich stundenlang mit der wunderbaren Schauspielerin über ihren Garten unterhalten. Vielleicht sollte ich mir auch einen kleinen Teich anlegen oder Hortensien die Mauern hinaufwachsen lassen. Plätscherndes Wasser wirkt doch so entspannend. Mal sehen. Aber bestimmt muss mein Garten nicht so flippig sein wie eine Promi-Party. Auch wenn's diese Regeln gibt, muss ich sie noch lange nicht befolgen. Ich möchte meinen Garten so, wie er mir gefällt. Da mir momentan nicht der Sinn nach Glamour steht, wird's wohl eher ein bodenständiges Ambiente. Oder, um es mit den Worten von Jutta Speidel zu sagen: »Er muss nicht ordentlich sein, sondern nur schön.«

5. Kapitel

Was ist denn nun mit dem Rasen?

»Du kannst es natürlich auch so machen wie der olle Schweden-König. Du ersteigerst dir einfach einen gebrauchten Rasenmäher. Carl Gustaf macht das angeblich während des Sommerurlaubes auf Öland«, erklärt mir Konstantin. »Der taucht dann plötzlich auf so einer Versteigerung in seiner Nachbarschaft auf, bietet mit, zuckelt schließlich mit der Beute wieder ab und mäht mit dem Prachtstück den Rasen vor Schloss Solliden. Die Hütte ist quasi das Ferienhaus der Königlichen Familie.«

Ich bin verwirrt. Konstantin und Klatsch? Mein Nachbar und das schwedische Königshaus? Gibt's doch gar nicht. »Seit wann weißt du denn so etwas?«, frage ich total überrascht. »Bisher hast du dich doch nicht für diese Leute interessiert.«

»Das stimmt doch gar nicht. Ich bin vielseitig interessiert. Ich weiß auch, dass Kalle bei sich zu Hause auf Schloss Drottningholm mit dem Aufsitzmäher durch den privaten Garten knattert, wenn er Zeit hat. Kann nur nicht jeder sehen, weil eine Hecke davor ist. Jedenfalls hat das die Fremdenführerin erzählt, als ich dort war. Und die muss es ja wohl wissen.«

Wenn König Carl XVI. Gustaf von Schweden seinen Rasen selber mäht, dann kann ich das auch. Und zwar mit links. »Ich will auch so einen Rasenmäher, wie der König hat.«

»Quatsch, was willst du denn mit einem Aufsitzer bei deinem kleinen Garten. Lohnt sich doch gar nicht«, glaubt Konstantin zu wissen.

»Welches Modell passt denn zu mir? Mach doch mal bitte Vorschläge.«

Schick wäre einer dieser Mini-Trecker. Aber wahrscheinlich wird's doch eher ein Handgerät. Elektro, Akku oder doch lieber mit Benzin? Was ist mit Radantrieb? Brauche ich das? Und was sind die Vorteile von einem Mulchmäher? Oder sollte ich mir lieber so einen Mähroboter kaufen?

Konstantin zuckt mit der Schulter und lächelt. »Du musst dich vorm Kauf natürlich eingehend beraten lassen. Das ist Pflicht.«

»Warum kannst du mir nicht helfen? Komm doch mit ins Garten-Center.«

»Keine Zeit, muss nach Hause. Duschen, umziehen und dann zum Arzt in die Klinik. Routineuntersuchung. Hilfe musst du dir heute also woanders holen.«

Fix schnappe ich mir mein Adressbuch, das im schwarzen Lederumschlag, und blättere Seite für Seite um. Wer könnte in Frage kommen? Mein rechter Zeigefinger wandert Zeile um Zeile hinunter und stoppt schließlich bei Schauspieler Till Demtrøder. »Klar, Till. Der hat bestimmt Ahnung. Auf den hätte ich ja gleich kommen können.«

Bekannt wurde Till durch seine Rollen in TV-Serien wie »Der Landarzt«, »Hallo Robbie« oder als Zivilfahnder Henning Schulz in der ARD-Serie »Großstadtrevier«. Nach siebzehn Jahren war Schluss damit. Im Herbst 2009 gab Till seine Polizeimarke ab. Wir haben uns übrigens während einer gemeinsamen Reportagereise durch Tadschikistan näher kennengelernt. Damals waren wir gemeinsam unterwegs, um auf Hilfsprojekte der Deutschen Welthungerhilfe aufmerksam zu machen.

Till lebt auf einem eigenen Bauernhof in der Nähe von Großhansdorf, vor den Toren Hamburgs. Und wenn mir einer etwas zum Thema Rasenmäher sagen kann, dann bestimmt er.

Ich setze mich fix ins Auto und statte dem TV-Star kurzerhand einen Besuch ab – später geht's dann gut informiert ins Garten-Center.

Kaum auf dem Hof angekommen, schlendere ich auch schon mit dem TV-Schnüffler über seinen beeindruckenden Rasen. Ich frage ihn: »Was hast du für einen Rasenmäher?«

»Ich habe einen Aufsitzmäher mit hydraulischer Servolenkung, Allrad und Zwei-Zylinder-B&S-Motor. Der hat ein Combi Mähwerk mit drei Messern. Ich benutze ihn als Mulchmäher.«

»Warum ausgerechnet dieses Modell?«

»Ich habe zuvor mit mehreren Rasenmäher-Reparaturwerkstätten gesprochen, welches Modell am wenigsten dort in die Reparatur kommt. Und wenn ja, welches die beste Qualität hat und bezahlbar bei den Ersatzteilen ist. Mein Garten ist recht groß, da muss es schnell und effizient mit dem Mähen gehen.«

»Worauf sollte ich beim Kauf eines Rasenmähers deiner Meinung nach unbedingt achten?«

»Viele der Mäher aus den Baumärkten werden in

China gefertigt, da lässt die Qualität oft zu wünschen übrig. Die Vergaser verdrecken schnell, die Kerzen verrußen, Startseile reißen ... alles schon erlebt. Wer viel und oft mäht, sollte hier am Preis nicht sparen, Qualität zahlt sich vor allem langfristig aus. So ein Mäher kann gut mal zwanzig Jahre lang halten.«

»Wie teuer ist denn so ein Ding. Wenn's ein guter Mäher sein soll?«

»Man kann wirklich gute Rasenmäher auch gebraucht über Kleinanzeigen kaufen und 'nen Schnapper machen. Oder überholte beim Rasenmäher-Händler.

Bei Neukauf: Unter zweihundertfünfzig Euro würde ich jedoch die Finger davon lassen ...«

Mein Rasen müsste dringend in Form gebracht werden. Dringend! Seit ich zu Hause bin, will ich mich schon darum kümmern. Aber im Februar war's noch zu kalt, im März zu verregnet, und der April hat sowieso immer gemacht, was er will – hauptsächlich kam er meinen Gartenplänen in die Quere. Und dann ist es ja auch nicht so, dass ich tagtäglich nach meinem Rasen schauen würde. Kein Wunder also, dass er so ins Kraut geschossen ist. Immerhin ist das Gras schön grün, scheinbar also gesund. Nur muss jetzt langsam mal geschnippelt werden, sonst kann ich mir gleich einen Mähdrescher beim Bauern um die Ecke leihen.

»Bei mir müssen ungefähr dreihundert Quadratmeter dringend gemäht werden. Welchen Rasenmäher würdest du mir denn empfehlen?«

»Das ist nicht besonders viel, hier würde ich einen Elektromäher empfehlen, die sind besonders wartungsarm.«

»So ein Mini-Trecker lohnt sich für mich also nicht?«

»Nicht bei dreihundert Quadratmetern Garten. Und wenn doch: Dann ist man ratzfatz fertig und hat mehr Zeit für schönere Dinge. Für einen Reihenhausgarten oder eben deinen in der Neubausiedlung ist so ein Mini-Trecker wirklich nicht das Richtige. Nein, der lohnt sich erst, wenn die Rasenfläche richtig ordentlich groß ist.«

»Schade. So ein Ding würde mir richtig Spaß machen. Da kann man am Sonnabend draufsitzen, den Rasen mähen und dabei gemütlich und entspannt ein Bierchen schlürfen. Im Ernst: Ich mag's gerne unkompliziert, das sollte der Rasenmäher auch sein. Soll ich mir darum lieber einen mit Akkus kaufen?«

»Mit Akku-Mähern habe ich keine Erfahrung, würde aber meinen, dass man den Akku gut pflegen muss, damit dieser nicht an Ladeleistung verliert. Ansonsten sind Elektromäher sicherlich wartungsarmer und somit unkomplizierter.«

Wie pflegt man denn einen Akku? Ich dachte, den lädt man einfach nur auf und fertig. Und wenn er alle ist, kommt er eben wieder an die Steckdose?

Nein, so einfach ist das nicht, erfahre ich prompt. Auch ein Akku benötigt Liebe und Zuwendung.

So sollte man ihn unbedingt vor Feuchtigkeit, Hitze und direkter Sonneneinstrahlung schützen. Außerdem wäre es gut, wenn ich ihn nach der Gartenarbeit aus dem Gerät nehme und mit einem sauberen Tuch abwische – vor allem die Kontakte. Über den Winter sollte ich den Akku unbedingt an einem warmen, trockenen Ort lagern. Am besten in meinem Keller. Außerdem muss er für seinen Winterschlaf mindestens zu 30 Prozent geladen sein.

Wahnsinn, worauf man bei einer so simplen Gartenarbeit alles achten muss! Aber recht hat der Till. Immerhin gehe ich mit den teuren Geräten in meinem Haus auch sehr pfleglich um, damit ich länger etwas von ihnen habe. Wer will denn auch schon ständig beim Kundendienst in der Schlange stehen?

»Es gibt ja auch noch diese Mulchmäher. Was macht die eigentlich so besonders? Muss ich mit so einem öfter mähen als mit den anderen?«

»Ich finde Mulchen sehr gut, weil somit dem Boden aus dem zerhäckselten Schnittgut immer natürliche Nährstoffe zugeführt werden. Man muss jedoch öfter mähen, denn wenn das Gras zu hoch ist, bleibt das Schnittgut sichtbar liegen, und man muss harken. Nach dem Mulchen sieht der Rasen aber immer top aus, very british!«

»Very british« gefällt mir. Die Engländer haben doch angeblich sehr schöne Gärten. Allerdings muss mein Rasen keine Golfplatzqualitäten haben. Der eine oder andere Löwenzahn darf schon dazwischen stehen. Ganz so wie bei Jutta Speidel. Das stört mich nicht. Nur gepflegt soll er aussehen und saftig grün. So ein Picknickrasen eben. Einer, auf den man sich gerne legt, um von dort den Himmel und die vorbeiziehenden Wolken zu beobachten.

»Vielleicht sollte ich es mir ganz einfach machen und einen dieser coolen Mähroboter kaufen. Dann muss ich mich um nichts kümmern. Wie findest du die, Till?«

»Nette Sache, auf die die Welt jedoch nicht gewartet hat. Ein bisschen Bewegung hat noch keinem geschadet, so hat man seinen Garten auch immer regelmäßig voll im Blick und ist ›im Kontakt‹.«

»Und wie sieht's mit der Pflege aus? So ein Rasenmäher muss doch sicherlich auch in Schuss gehalten werden?«

»Eine regelmäßige Wartung ist wichtig, dabei kann man viel selber machen. Ich schärfe meine Messer selbst, weil ich es kann und das Werkzeug habe. Für andere empfehle ich eine Inspektion, bevor es zu spät ist und die Reparaturen somit teurer werden. Ganz wichtig ist jedoch immer eine gute Reinigung nach dem Schnitt, vor allem von unten. Das erhöht auch die Effizienz beim nächsten Schnitt.«

Ich hätte mich schon viel früher um meinen Garten kümmern sollen. Da der Job dafür aber kaum Zeit übrig ließ, musste eben ein Gärtner ran. Ein Profi. Anständig bezahlt. Der kam alle zwei Wochen und hat das Nötigste erledigt. Klar brachte der auch sein eigenes Werkzeug mit – Rasenmäher inklusive. Jetzt will ich alles selber machen. Schließlich bin ich nun den ganzen Tag zu Hause. Da brauche ich doch keinen Gärtner mehr. Also habe ich noch keinen eigenen Rasenmäher, und jetzt wächst das Gras munter vor sich hin. Wer denkt auch gleich daran, sich einen eigenen zuzulegen? Ich jedenfalls nicht. Aber das wird heute geändert. Heute gibt es eine kleine Shopping-Tour ins Garten-Center. Das wird bestimmt lustig.

»Wie oft sollte ich meinen Rasen eigentlich mähen?«, will ich von Till noch wissen.

»So wie man es mag. Wild oder geleckt. Jetzt war es lange trocken, da muss man nicht so oft mähen. Jedes Mähen kostet ja auch Strom oder Benzin, man sollte es auch nicht übertreiben, auch zugunsten der Umwelt.«

»Muss ich beim Mähen etwas beachten?«

»Beim Elektromäher immer schön aufs Kabel achten. Ansonsten nicht zu kurz mähen, damit bei kleinen Hügeln die Grasnarbe durch zu tiefes Mähen nicht beschädigt wird. Und immer leicht versetzt mähen, damit das durch die Räder heruntergedrückte Gras bei der nächsten Runde ebenfalls erfasst und geschnitten wird. Kinder haben in der Nähe des Mähers nichts zu suchen, Steine können zu gefährlichen Geschossen werden. Und bevor ich unter den Mäher ins Messer greife, immer Stecker ziehen oder Motor aus!«

Außerdem soll ich auf die richtige Schnitthöhe achten. Sie liegt bei drei bis fünf Zentimetern. Dafür stellt man beim Rasenmäher am besten die mittlere Schnitthöhe ein, erfahre ich von Till. Und: Schnipple ich zu viel ab, schädige ich den Rasen oder die Grasnarbe. Ich soll lieber öfter mähen, statt nur einmal alles raspelkurz zu schneiden. Und gemäht wird nur an trockenen Tagen.

»Wohin denn mit dem Rasenschnitt? Auf den Kompost? Unter die Hecke? Zur Müllhalde?«

»Immer schön in den Beeten und unter den Rabatten verteilen und unterheben oder sammeln und kompostieren. Die eigene Komposterde ist doch die beste.«

Nach dem Gespräch mit Till geht's los. Ab zum nächsten Garten-Center. Jetzt werden Nägel mit Köpfen gemacht und ein Rasenmäher gekauft.

In der Abteilung mit den Rasenmähern blitzt und blinkt es wie auf einer Auto-Messe. Alle sind sie hübsch geputzt und gewienert. Und natürlich gibt's die tollen Aufsitzmäher. Aber von so einem Mini-Trecker lasse ich die Finger. Auch von den Mährobotern. Ich halte mich an Tills Tipps.

Nun angle ich mir noch einen Verkäufer, und los geht die Show: Fröhlich und freundlich führt er mich von Modell zu Modell. Der eine Rasenmäher wird angestellt, den anderen darf ich anfassen, den dritten durch den

Gang schieben. Ach, und einer war kaputt. Schließlich entscheide ich mich für einen Akku-Mäher.

Den Lithium-Ionen-Akku und die Ladestation dafür kaufe ich gleich mit. Einmal aufladen und ich kann dreihundert Quadratmeter Rasen mähen. Passt. Die Schnitthöhe lässt sich am Mäher fünffach verstellen, das Kunststoffgehäuse scheint einiges auszuhalten, und die Räder wirken sehr stabil. Angeblich sind sie doppelt kugelgelagert – was auch immer das heißen mag. Warum ich mich für einen Akku-Mäher entschieden habe? Weil ich mich beim Mähen nicht ums Stromkabel kümmern will. Und einen Benziner wollte ich nicht wegen des Geruchs und der Lautstärke und weil ich in meinem Gartenhaus keine Spritreserve lagern möchte.

Zugegeben, das Ding war ziemlich teuer. Knappe sechshundertsiebzig Euro habe ich dafür hingeblättert. Aber ich dachte mir: Wenn schon, denn schon. Und Till hatte mir ja geraten, auf Qualität zu achten. Nun hoffe ich natürlich, dass der Rasenmäher auch ein paar Jährchen mitspielt.

Zu Hause angekommen, wird das Ding gleich angeschmissen. Der Akku ist voll, die Messer geschärft. Los geht's. Ich hätte nie gedacht, dass Rasenmähen so viel Spaß machen kann. Der schnippelt durch den Rasen wie mein Brotmesser durch weiche Butter. Grandios.

Wegen der Länge der Grashalme fange ich erst einmal mit der höchsten Schnittstufe an und arbeite mich dann bis zur mittleren vor. So, wie Till es mir geraten hat. Eine Stunde und etliche Schweißperlen später sieht mein Rasen tippitoppi aus. Ich bin begeistert. Jetzt noch schnell den Rasenmäher wieder sauberbürsten – von unten und oben, dann kommt er demnächst wohl ins rote Gartenhaus. Dort will ich künftig alle Gartengeräte lagern.

Nach vollbrachtem Werk will ich mir erst einmal ein Päuschen gönnen. Füße hochlegen und Tee schlürfen – so mögen wir das, wir Ostfriesen. Der Wasserkocher wird angeschmissen, die Kekse aus dem Schrank geholt und das gefüllte Tee-Ei in die Kanne gehängt. Kochendes Wasser drauf, drei Minuten ziehen lassen, fertig.

Von der Terrasse genieße ich den Blick über meinen frisch gemähten Rasen. Herrlich. Ja, Gartenarbeit macht wirklich glücklich. Sie kann so erfüllend sein. Das merke ich jetzt. Eigentlich zum ersten Mal so richtig. Komisch, ich habe die ganze Zeit über nicht an die Redaktion, an mögliche Termine oder Interviews gedacht. Ich habe abgeschaltet. Nun fühle ich mich gut. So sieht wahrscheinlich die heilende Kraft des Gartens aus.

Trotz allem bleibt nun die Frage, ob es denn unbedingt ein gemähter Rasen sein muss. Vielleicht tut es ja auch eine bunte Wiese – mit Gänseblümchen, Löwenzahn und allerlei Kräutern. Für Schmetterlinge und Bienen gibt es bestimmt kaum etwas Besseres.

»In München habe ich keinen Rasen. Das ist vielmehr eine Wiese. Da läuft der Hund drüber, die Katzen, die Gäste. Das ist nicht so ein englischer Rasen. Das ist eine kleine Wiese mit Klee, Löwenzahn und Löchern, weil mein neuer, junger Hund gerne buddelt«, erklärt mir meine liebste Ex-Chefin Patricia Riekel, während meiner Tea Time am Telefon und lacht.

Rasen oder Wiese – das scheint schon fast eine Glaubenssache zu sein. Kaum ein anderes Thema wird so inbrünstig und heiß diskutiert – auch unter den Prominenten. Die einen wollen einen englischen Rasen. Kurz geschnitten, ganz ohne Klee und Gänseblümchen. Andere schwören auf ihre kleine, bunte Wiese vorm Haus.

Komischerweise scheint Rasenmähen eher eine Männersache zu sein. Das ist mir schon im Garten-Center aufgefallen. Dort schlichen auch nur Kerle um die Akku-Mäher und Aufsitzer. Lustig. Und je länger ich darüber nachdenke, desto mehr Männer fallen mir ein, die ihren Spaß daran haben. Nur Frauen nicht – also eindeutig weniger.

Für Schlagerstar Andy Borg zum Beispiel ist regelmäßiges Rasenmähen pure Entspannung und gehört zu einem gepflegten Garten einfach dazu, flüsterte mir sein Management. Ordentlich soll der Rasen des beliebten Sängers aussehen, damit auch die schönen Beete rund ums Haus gut zur Geltung kommen. So, wie man sich eben einen hübschen Garten mit gestutztem Rasen wünscht. Sein österreichischer Kollege Hansi Hinterseer mag's dagegen eher wild, bunt und natürlich. Sein Anwesen in Kitzbühel liegt eingebettet in eine saftige Wiese voller wilder Blumen und schönster Kräuter. Ein Fest für Schmetterlinge und Bienen. So stellt man sich eine Alm vor. Mähen? Kommt nicht in Frage! Bei Hansi wird mit der Sense gearbeitet.

Da war doch auch mal was mit Joey Kelly, der von der Kelly Family – oder? Hatte der nicht sogar zum »Extrem-Mähen« aufgerufen. Stimmt! Der ließ sich auf Inlineskatern von einem Rasenmäher einen Hang hinunterziehen. Lustig, aber alles andere als praktisch. Na ja, war wohl auch nur eine Werbeaktion für einen Rasenmäherhersteller.

Halt! Eine Frau fällt mir jetzt doch ein: Fernsehliebling Saskia Vester. Die findet Rasenmähen klasse. Aber Saskia ist wirklich eine Ausnahme. Rasenmäherpflege und -wartung? Für die Münchnerin kein Problem. Die Schauspielerin schnippelt ja auch kurzerhand ihre Hecke in Form. Siehste, bei Saskia könnte ich mir auch noch Tipps für den Garten abholen.

Mein Rasen sieht jetzt jedenfalls super aus. Nicht zu kurz, nicht zu lang. Genau richtig eben. Nur leider habe ich in der einen und anderen Ecke Moos entdeckt. Leider nicht nur ein bisschen, sondern richtig viel. Noch stört mich das nicht, aber ich werde das wohl im Auge behalten müssen.

Im Garten-Center habe ich gesehen, dass es Rasendünger mit Moosvernichter gibt. Das ist nichts für mich. Ich möchte eigentlich so wenig Chemie wie möglich im Garten verwenden. Schon alleine aus ökologischen Gründen. Außerdem möchte ich, dass mein kleiner Garten eine Heimat für möglichst viele Tiere wird. Wenn das Gras stark und dicht ist, hat Moos ohnehin keine Chance. Dafür ist aber regelmäßiges Mähen wichtig.

Für eine schicke Wiese habe ich keinen Platz, das weiß ich jetzt schon. Da muss ich auch gar nicht lange überlegen. Dafür ist mein Grundstück einfach nicht groß genug. Ich finde das jetzt aber auch nicht schlimm, denke ich und genieße meinen ruhigen Moment nach getaner Arbeit. Dann bastle ich mir eben tolle, bunte Beete mit Pflanzen, die die Tiere anlocken und mit Nahrung versorgen. Das geht doch. Bestimmt.

»Wie ich sehe, bist du heute richtig fleißig gewesen«, sagt Konstantin am Abend und lächelt. Der Herr Nachbar ist also zurück und schaut neugierig in meinem Garten vorbei. »Und du hast dir gleich einen Rasenmäher gekauft. Toll. Aber es ist dann wohl doch nicht der, den der schwedische König benutzt?«

»Nein, natürlich nicht. Der ist doch viel zu groß für

meinen kleinen Garten. Till hat mir zu einem anderen geraten.«

»Till?«

»Ja, Till Demtrøder. Der Schauspieler. Er hat mich echt super beraten.«

6. Kapitel

Wieder ab ins Garten-Center

»Meine Familie hat in einer riesigen, alten Villa aus der Jahrhundertwende in Tutzing gelebt. Dieses Haus stand fast am See. Natürlich gab es dort auch einen Garten, der war etwas abschüssig. Das Schönste an dem Garten war, dass er von Büschen und Bäumen eingerahmt war. In den Büschen haben wir uns als Kinder Höhlen gebaut und Verschläge aus Holz. Ach, als Kind hätte ich am liebsten nur in den Büschen gewohnt«, erzählt Patricia Riekel, meine Ex-Chefredakteurin, während ich meinen Wagen vorm Garten-Center parke. Heute werden Pflanzkübel gekauft.

Das Garten-Center ist mein neues Revier. Erst geht's durch die Deko-Abteilung. Jede Menge Kitsch in den Regalen. Unnützes, aber hübsches Zeugs. Dann kommt Praktisches und Hilfreiches: Vogelhäuschen, Igelhöhlen, Insektenhotels. Schließlich die Pflanzen: Bodendecker und Stauden für sonnige Plätzchen und Schatten ordentlich getrennt. Rosen, Hortensien und Blaubeerbüsche in der anderen Ecke. Und dazwischen stehen die Bäume. Richtige Bäume.

Ich schlendere an einem nach ihr benannten Rhododendron vorbei und frage Patricia: »Im Garten meiner Eltern gab es einen Baum, auf den ich oft geklettert bin, um mich dort zu verstecken. Hatten Sie auch so einen Platz?«

»Ja, eine große, alte Buche. Auf der Buche gab's ein Plateau aus Holzleisten, auf das man hinaufklettern konnte. Für mich als Kind war das sehr wichtig, denn wenn ich mich unverstanden fühlte – und das kam nicht selten vor, immerhin waren wir vier Geschwister –, bin ich auf den Baum geklettert und habe mich dort oben auf dem Plateau versteckt. Dann gab es nur den Baum für mich und sonst nichts. Vielleicht ist gerade wegen der Gefühle, die mit dieser Erinnerung verbunden sind, der Garten für mich so wichtig.«

»Dann haben Sie damals Ihre Liebe zum Garten entdeckt?«

»Das wäre jetzt übertrieben, aber ich entdeckte den Garten als Raum, wo du rumtollst, wo du spielst und wo Bäume in deiner Fantasie mit dir leben und sprechen. Ich hatte ja immer viel Fantasie, auch weil ich viel gelesen habe. Für mich ist das Rauschen der Bäume ein unglaublich vertrautes Geräusch. Wenn so ein starker Wind durch die Kronen fährt, lockt mich das in andere Welten. Der Garten als ein ganz natürlicher Raum, in dem man lebt und träumt, das hat sich also schon in meiner Kindheit gefestigt. Und dann gab's dort damals eine Wiese mit wahnsinnig vielen Büschen drum herum, immer den Zaun entlang...«

»Und dort haben Sie sich dann vor der Welt versteckt und Ihren Träumen nachgehangen?«

»Genau. Früher, also in den Fünfzigerjahren, da gab es ja noch nicht diese tollen Zelte. Wir haben dann unsere

Decken mitgenommen in die Büsche, auch Himbeersaft und Salzstangen. Dann habe ich mir immer vorgestellt, dass diese Höhle im Busch mein eigenes, kleines Haus sei. Ich musste mich ja auch immer räumlich verteidigen. Wenn man mehrere Geschwister hat, ist das wohl normal.«

»Das klingt herrlich!«

»Das war es auch. Ich durfte als Kind im Garten meiner Eltern sogar meine eigenen Tomaten züchten. Die standen vor so einer Wand und wuchsen dort hoch. Ich war in der Familie zuständig für die Salate, speziell eben für die Tomaten. Das war eine wichtige Aufgabe. Und ich meine, dass die früher viel, viel besser geschmeckt haben als heute.«

Auch Prinz Charles hat in seinem Garten auf Highgrove, seinem privaten Landsitz, ein Plätzchen, zu dem nur er Zutritt hat. Zwar sind es keine heimlichen Höhlen in grünen Büschen, sondern ein kleines, unscheinbares Holzhäuschen. Es liegt ganz versteckt im hintersten Winkel des Gartens und ist vielleicht sechs mal acht Meter groß. Etwas größer als mein Geräteschuppen. Dorthin zieht sich der englische Thronfolger zurück, wenn er von niemandem gestört werden will – weder von der Queen noch von seiner Ehefrau Camilla und schon gar nicht von seinen Angestellten.

Keiner weiß, was der Prince of Wales in diesem Häuschen wirklich macht. Schließlich ist die Eingangstür mit einem dreifachen Schloss gesichert, dessen Zahlenkombination nur Charles kennt. Rein kann also nur, wer den Nummerncode kennt. Aber den hütet der Prinz wie seinen Augapfel. Kein Wunder also, dass viel getuschelt wird. Malt er dort? Schreibt er Gedichte? Oder treibt er Telefonscherze? Vielleicht züchtet er in den Häuschen auch Cannabis. Niemand weiß es, und der britische Monarch in spe schweigt dazu. Eisern. Lächelnd. Ich notiere mir im Geiste: Da muss ich hin, das will ich mir ansehen. Unbedingt.

Warum ich heute ins Garten-Center gefahren bin? Fortbildung. Feldforschung. Expedition ins Unbekannte. Immer wieder entdecke ich dort Neues. Während ich an den Regalen entlangschlendere, frage ich Patricia: »Haben Sie als Kind schon gerne im Garten gebuddelt?«

»Nein, nein. Außer um meine Tomaten habe ich mich nicht weiter um den Garten gekümmert. Das haben andere gemacht. Aber ich habe mir damals schon vorgestellt, dass ich in einem botanischen Garten leben möchte. Wenn man so durch den Tag traumwandelt oder wenn ich gespielt habe, dann stellte ich mir vor, dass ich ein großes, tropisches Gewächshaus besitzen würde, in dem ich lebe. Ich habe mir wahnsinnige Pflanzen vorgestellt und von einem Haus mit Glasdach geträumt. Andere träumen von der Südsee, ich wollte in einem Gewächshaus leben.«

»Für ein Kind sind Gewächshäuser sehr beeindruckend. Vor allem die großen, denke ich. Das sind schließlich richtige Paläste aus Glas, zudem haben dort ganze Urwälder ein Zuhause gefunden.«

»Es hat sechzig Jahre gedauert, aber jetzt besitze ich endlich mein eigenes Gewächshaus. Ein wunderbares Geschenk zu meinem Geburtstag. Das ist natürlich längst nicht so groß wie die Glashäuser im botanischen Garten, aber da stehen jetzt schon meine Pflanzen drin und überwintern. Das Gewächshaus kommt aus Italien, sieht aber ein wenig englisch aus. Im Sommer kann ich dort an regnerischen Tagen drinnen sitzen und Tee trinken. Dann prasselt der Regen aufs Dach, perlt die Wände hinunter und schenkt mir so ein Gemütlichkeitsgefühl. Herrlich. Im Winter werde ich meine Kübelpflanzen dort unterstellen und nicht mehr in die Gärtnerei geben.«

Zwanzig Jahre lang leitete Patricia Riekel als Chefredakteurin die *Bunte* und machte die Illustrierte zu Europas erfolgreichster People-Zeitschrift. Das war keine leichte Sache: Als sie 1997 die Chefredaktion des Burda-Promi-Magazins übernahm, steckte die Zeitschrift in einer schweren Krise. Es wurde missgewirtschaftet, die Auflage sackte dramatisch ab. Das Heft stand nahezu vor dem Aus. Doch die Chefredakteurin riss das Ruder rum und verhalf der *Bunte* zu neuem Glanz. Die Auflage legte zu, die Anzeigenerlöse kletterten nach oben. Jetzt drängten die Stars und VIPs in die *Bunte* – anders als früher.

Ich plaudere mit Patricia Riekel über ihre Kindheit im Garten, ihre Häuser und ihr liebstes Hobby. Vielleicht hat sie auch einige wichtige Tipps für mich?

Patricia Riekel ist Gärtnerin mit Leidenschaft. Das ist nicht zu überhören. Aber wie hat sie dieses Hobby über all die Jahre pflegen können? Schließlich ist es doch sehr zeitintensiv, und sie war und ist eine viel beschäftigte Frau. Immerhin gilt sie als die erfolgreichste *Bunte*-Chefredakteurin, leitete *Instyle* und *Amica* und ist immer noch maßgeblich für die Bambi-Verleihung verantwortlich. Im Journalismus sind Patricia Riekel und ihr Lebensgefährte Helmut Markwort das Burda-Powerpaar. Da kann doch nicht genügend Zeit und Kraft für einen Garten übrig bleiben – oder? Wie macht sie das nur? Patricia lacht.

»Mit den Gärten ist es so: Als ich von zu Hause ausgezogen bin, habe ich die ersten zehn bis zwanzig Jahre immer nur in großen Wohnungen mit Balkonen gelebt«, erzählt sie mit einem hörbaren Lächeln, »ein eigener Balkon war mir immer wichtig. Einmal hatte ich eine Wohnung, da hatte ich zwei tolle Terrassen. Für die habe ich wie immer unfassbar viel Geld ausgegeben: Ich habe Schilf und Bambus nach oben geschleppt, auch noch einen Teich angelegt. Ich hatte so eine fertige Teichform aufgestellt und ringsum Pflanzen gruppiert und nicht darüber nachgedacht, was mit dem Teichwasser im Winter passiert. Heute weiß ich es. Es friert und sprengt die Plastikform und tropft ins untere Stockwerk. Ich wusste ja auch gar nicht, wie man das Wasser richtig reinigt. Es sah also ziemlich schnell ziemlich schrecklich aus. Außerdem sind alle Hunde, die ich besessen habe, in diese Uferbepflanzung reingesprungen und haben den Teich als Planschbecken missbraucht.«

Während ich mir einen schweren Blumenkübel aus Terrakotta anschaue, mit der rechten Hand über das Rosenrelief streiche und mich über den Preis wundere, stelle ich mir vor, wie Patricia auf dem Balkon ihres Hauses sitzt. Sie kuschelt sich in eine Kaschmirdecke, nippt an der Teetasse aus Nymphenburger Porzellan und genießt die Aussicht auf den Starnberger See. Ihr Blick wandert durch den Garten zum See hinaus, vorbei an den dichten Bäumen, über das Wasser hinweg und weiter zum Himmel hinauf.

»Patricia, Sie besitzen zwei Häuser – eines in München und ein weiteres am Starnberger See. Was unterscheidet die Gärten?«

»Der Garten am See ist wilder. Dort stehen viele Buchen, und es wachsen Hortensien. Hortensien lieben den lichten Schatten. Am See gab's anfänglich auch eine Thujenhecke. Aber die habe ich rausgerissen. Stattdessen habe ich viel Bambus gepflanzt und Büsche. Nun ist der Garten nicht mehr einsehbar. Ein kleines, privates Paradies. Mein Paradies.«

»Kümmern Sie sich um alles selber?«

»Naja, ich bin nicht so der Vertikutierer und Rasenmäher. Wenn der Gärtner sagt, er müsse etwas freischneiden, dann leide ich immer. Ich habe es gerne, wenn sich die Büsche ganz natürlich ineinander verwachsen. Da muss nichts geschnippelt werden – wenn's nach mir geht. So wie der Efeu und der Wilde Wein unser Haus überwuchert haben. Natürlich habe ich auch noch einen Blauregen, der sich um die Säulen vor unserem Eingang windet.«

»Sie mögen das Verwunschene, das Märchenhafte?«

»Ja, ich muss gestehen, ich habe einen genetischen Defekt. Sobald ich ein Haus beziehe, beginne ich Efeu und Wilden Wein zu pflanzen. Es gibt kein Haus, in dem ich bisher gewohnt habe, das nicht mindestens eine grüne Wand hat. Und jetzt habe ich gleich zwei davon ...«

Marlene Charell lässt Rosen ihre Hauswand hinaufwachsen, Jutta Speidel hat sich für eine Kletterhortensie entschieden und Patricia Riekel für Efeu und Wilden Wein. Und es stimmt ja auch: Bewachsene Häuser sehen richtig hübsch aus. So naturverbunden, denke ich mir. Vielleicht wäre das ja auch etwas für mein Haus. Womit sollte ich es bewachsen lassen? Waldreben sehen klasse aus. Sollte ich die mit englischen Ramblerrosen kombinieren? Das würde bestimmt gut zueinanderpassen. Ramblerrosen und Waldreben benötigen allerdings eine Kletterhilfe – anders als Wilder Wein und Efeu. Die dürfte jedoch ziemlich fix angebracht sein. Hier ein Loch bohren, dort eine Schraube reindrehen. Das war's dann auch schon. Ich muss das unbedingt mit Konstantin besprechen. Mal sehen, was er dazu sagt.

Ich weiß, dass es eine Kletterrose gibt, die »Kir Royal« heißt. Genauso wie die TV-Serie über den Münchener Klatschreporter Baby Schimmerlos. Sie blüht in einem zarten Rosa, leider nur wenige Wochen. Egal, dann hab ich wenigstens wunderbares Laub an den Wänden. »Für mich gehört ein Haus einfach grün bewachsen«, ist sich Patricia sicher. »Es muss Teil eines Garten werden, der eine gewisse Wildheit hat.« Das würde mir auch gefallen. »Wie muss denn ein Garten aussehen, der Ihnen gefällt?«

»Ich mag möglichst natürliche Gärten. Ich bin ja nicht so der Formschneider. Ich setze etwas rein und sage, wachse oder vergehe. Was immer du willst. Ich habe jetzt zwei Gärten, die ungefähr gleich groß sind. Beide jeweils ungefähr neunhundert Quadratmeter. Der Garten in München umgibt das Haus. Als wir das Haus kauften, gab's nur einen Rasen und eine Thujenhecke. Jetzt ist es ein Zaubergarten. Ich habe die Thujen stehen gelassen und davor Büsche gepflanzt. Und zwar alles, was mir gefällt.«

»Was genau?«

»Mir gefallen Sträucher, die sich über das Jahr verändern. Flieder, Jasmin, Hartriegel. Einheimische Büsche eben. Das müssen keine wertvollen Gehölze sein. Ich hab's einfach gerne grün um mich. Im ganzen Garten habe ich Büsche gepflanzt.«

»Also ist das ein sehr lebendiger Garten, an dem man auch die Jahreszeiten ablesen kann.«

»Genau. Das Ergebnis ist, dass im Münchener Garten die Thujenhecke langsam gestorben ist. Leider. Aber ich habe jetzt wunderbare Büsche. Der Garten sieht jetzt zu jeder Jahreszeit magisch aus. Auch wenn er fast leer ist. Wenn die Zweige und Äste ganz dicht sind, sieht es einfach wunderbar aus.«

So! Jetzt habe ich doch zwei von den schicken Blumenkübeln aus Terrakotta in den Einkaufswagen gewuchtet. Manno, sind die schwer. Nun brauche ich eigentlich nur noch etwas, was ich einpflanzen kann. Hortensien! Genau! Die sehen darin bestimmt schick aus.

»Ich liebe Hortensien über alles. Hortensien wachsen in meinen beiden Gärten«, flüstert Patricia mir ins Ohr. »Der Gärtner an sich sagt ja immer, dass man einen gewissen Pflanzabstand einhalten sollte. Das mache ich aber nicht. Ich lasse zwar einen Abstand, aber keinen großen. Die stärkere Pflanze setzt sich durch. Ich habe auch Hortensien, die man zum Muttertag verschenkt. Die wurden in Gewächshäusern vorgezogen und sollen eigentlich nur die Fensterbank oder das Beistelltischchen verschönern. Eigentlich sind das also Stubenhocker. Ich habe die aber ausgewildert. Aus allen ist etwas geworden. Sie umwuchern die Häuser. Das ist wunderschön.«

»Die blühen aber erst sehr spät, nicht wahr?«

»Damit muss ich leben, dass sie erst ab Mitte Juni blühen. Zwischen die Hortensien habe ich Zwerggräser gesetzt. Natürlich wachsen bei mir auch Tulpen oder einjährige Stauden. Nur gelbe Blumen gibt's bei mir nicht. Gelb mag ich im Garten nicht. Ich hatte mal die Idee, alles Weiß zu gestalten. Aber das ist mir dann doch zu künstlerisch und zu gewollt. Alles, was in blauen, rosafarbenen oder violetten Tönen erstrahlt, mag ich sehr. Lavendel liebe ich auch. Der steht in vielen Töpfen auf der Terrasse und lockt so schön die Bienen an.«

Ein Sack Hortensien- oder Rhododendronerde darf nicht fehlen, hat mir der Verkäufer signalisiert. In normaler Blumenerde würden sich die Pflanzen nicht wohlfühlen. Und das sollen sie doch. Also wuchte ich auch noch zwei von den Zwanzig-Liter-Säcken auf den Wagen, dann noch einen Sack Blähton – das sind diese kleinen Kügelchen, die dafür sorgen, dass es keine Staunässe im Topf gibt – und ab geht's zur Kasse. Meine Hortensien haben schon schöne, blaue Blüten. Sie kosten zwar ein bisschen mehr, blühen dafür aber am einjährigen Holz – an den ganz frischen und neu gewachsenen Trieben. Somit habe ich quasi eine Blütengarantie fürs nächste Jahr, denn der Frost kann diesen Pflanzen kaum etwas anhaben. Anders als bei den Hortensien, die am zweijährigen Holz blühen, also an den Trieben, die bereits im Vorjahr gewachsen sind. Ihre Knospen werden oft noch Opfer von Spätfrösten im Mai. Egal, nun geht es auf zur Kasse. Vorbei an den Rasenmähern, den Zimmerpflanzen und dem Bücherstand. Die Schlange an der Kasse ist lang, ich muss mich gedulden. »Müssen Gärtner nicht über große Geduld verfügen?«, frage ich meine Ex-Chefredakteurin.

»Das ist etwas, was ich überhaupt nicht besitze – Geduld. Aber die Vorfreude, wenn sich Ende März die ersten Knospen zeigen und dann im April der zarte, grüne Flaum. Ich kann gar nicht beschreiben, wie glücklich mich dieser Anblick macht. Zu dieser Zeit möchte ich auch nie wirklich verreisen. Der Mai und der Juni sind die zwei schönsten Gartenmonate für mich. Da habe ich das Gefühl, dass über Nacht und ganz plötzlich alles grün geworden ist. Im Garten blühen dann vereinzelt die Tulpen, das Tränende Herz und die Kornblumen. Aber ich freue mich viel mehr auf die saftig-grünen Blätter der Hortensien.«

»Gibt's bei der Gartengestaltung Regeln, an die ich mich halten sollte?«

»Manchmal besuche ich meine Freunde, die Familie Eickhoff, in Meerbusch bei Düsseldorf. Sie haben einen zauberhaften Garten, der eigentlich mehr ein Park ist. Er wurde von einem berühmten Architekten in den Vierzigerjahren angelegt. Dort stehen alte Bäume, es gibt herrliche Sichtachsen. Ich bewundere das sehr, mache es aber anders. Ich habe bisher vier Gärten angelegt, in zwei Häusern, in denen ich zur Miete wohnte, und in den beiden, die mir nun gehören. Und immer habe ich das Gleiche gemacht: Ich mag es gerne wild und verwunschen. Und ich mag es üppig. So eine spärliche Bepflanzung, bei der nur eine Blume herauskommt und mit ihrem Kopf nickt, finde ich langweilig. Ich habe gerne Gras, Blumen, Büsche. Am liebsten völlig ungezähmt, und dazwischen gibt's dann einen kleinen Weg, der sich da durchschlängelt.«

Die Schlange bewegt sich in Richtung Kasse. Die ältere Dame vor mir schubst auch zwei Hortensien im Wagen vor sich her. Hortensien scheinen ziemlich angesagt zu sein. Na ja, keine andere Pflanze bietet so viele Blüten und Blätter für so wenig Geld. Und laut Beipackzettel sollen sie auch noch ziemlich pflegeleicht sein. Und sind sie erst einmal groß, hat das Unkraut auch keine Chance mehr.

»Ach, was ist denn schon Unkraut. Unkraut gibt's vielleicht auf dem Feld, zwischen Weizen und Mais«, doziert Patricia Riekel. »Unkraut kann im Garten bezaubernd aussehen. Natürlich achte ich darauf, dass meine Beete auch Ränder haben und alles natürlich gesund aussieht.«

»Unkraut zupfen ist ja auch nicht jedermanns Sache. Bei Ihnen darf aber doch nicht alles einfach so mir nichts, dir nichts in den Himmel wachsen – oder doch?«

»Nur ein Beispiel: Ich habe eine wunderbare Buche im Garten, eine kleine, die muss immer mal wieder geschnitten werden, damit die Krone schön wächst. Obwohl mir so etwas ja immer ein wenig wehtut. Das müssen andere für mich erledigen. Ich sage es mal so: Wenn ich einen Pudel hätte, würde ich ihn nicht scheren lassen. Mein Pudel hätte Locken, würde zwischendrin ein wenig gestutzt werden – aber mehr nicht. Und in meinem Garten ist es genauso. Dort werden keine Schneisen geschlagen. Es soll alles sehr natürlich sein.«

Zwei Hortensien machen noch lange keinen Garten. Weil das so ist und der Weg zur Kasse noch lang ist, frage ich Patricia: »Welche Pflanzen sollte ich am besten für meinen Garten kaufen, was meinen Sie?«

»Sie möchten wissen, womit Sie Ihren Garten bepflanzen sollen? Als Erstes würde ich jedem empfehlen, dass er sich seinen Garten ganz genau anguckt. Ist Ihr Garten eine Erweiterung der eigenen Räume oder etwas ganz Neues? Haben Sie eine Terrasse aus Stein oder aus Holz? Dort würde ich mich sowieso als Erstes hinsetzen und versuchen herauszufinden, wohin ich am meisten schaue, wie das Licht im Garten ist, wie die Sonne wandert...«

»Und dann?«

»Es gibt übrigens keine schlecht gelegenen Gärten. Schattengärten können genauso zauberhaft sein wie Sonnengärten. Auf alle Fälle würde ich zu einheimischen Pflanzen raten, die vertragen unser Wetter besser als

Exoten. Hortensien, Rhododendren sind pflegeleichte Pflanzen, also etwas für faulere Gärtner. Ein Rhododendron blüht leider nur für zwei Wochen, aber vielleicht mag man seine grünen Blätter. Hartriegel ist auch eine Pflanze, die gut in den Garten passt. Auf Nadelgehölze würde ich allerdings verzichten. Vielleicht eine Tanne, aber mehr doch nicht.«

»Okay. Notiert.«

»Man muss einfach nur wissen, was man will. Will man einen grünen Garten, oder liebt man Blumen. Dann muss man experimentieren. Man kann sich ja auch Kräutertöpfe auf die Terrasse stellen. Rosmarin zum Beispiel, den finde ich sehr schön. Dann muss ich wissen, ob meine Pflanzen winterhart sind oder nicht. Und überlegen, kann ich sie irgendwo sicher über den Winter unterstellen?«

Die Kasse. Endlich. Ich bin an der Reihe. Schnell die Hortensien aufs Band gepackt und den Einkaufswagen vorgeschoben. Die Verkäuferin scannt die Töpfe und die Pflanzen, es macht pling, und ich darf meine EC-Karte zücken. Wahnsinn, was so ein Einkauf im Garten-Center kosten kann. »Geben Sie dort auch immer zu viel aus, Patricia?«

»Ich fahre immer zum Seebauer. Das ist die größte Gärtnerei in unserer Gegend. Dort nehme ich mir einen Einkaufswagen und packe ihn voll. Meist zu voll. Ich nehme immer viel zu viel mit nach Hause. Das ist schlimm. Gräser, Blumen, Buchsbaumkugeln, alles, was hochwächst. Der Gärtner sagt dann schon immer, dass es reichen würde. Dass ich nicht noch mehr brauche. Und trotzdem stelle ich mir noch eine Pflanze in den Einkaufswagen. Dann ist der Wagen so voll, dass ich ihn kaum schieben kann, und mein Kofferraum ist für die vielen Pflanzen natürlich auch viel zu klein. Also lasse ich mir die ganze Fuhre nach Hause liefern. Ich möchte eben nicht die grüne Hölle haben, sondern den grünen Himmel.«

Jetzt noch fix alles im Auto verstauen, und ab geht es heimwärts. Schließlich sollen die beiden Hortensien noch eingetopft und platziert werden. Kaum bin ich mit dem Einpacken fertig, verabschiedet sich Patricia Riekel. Verlagsgeschäfte. Dafür lehnt sich Konstantin über seinen weißen Gartenzaun, als ich ankomme. Neugierig schaut er mir beim Ausräumen des Kofferraums zu. »Mensch, da hast du aber was springen lassen. Töpfe aus Impruneta. Toscana. Nobel geht die Welt zugrunde.«

»Hör auf zu lästern und hilf mir. Die sind schick, die sind frostfest, die mussten sein. So!«

»Ist ja schon gut. Aber verflucht schwer sind sie.«

»Terrakotta eben.«

»Die sind nur was für die Terrasse, zu schwer für den Balkon. Darum kauft auch kaum noch einer solche Kübel. Gibt ja auch Leichteres.«

»Egal, ab damit nach hinten.«

»Aber nur, wenn's danach ein Bier gibt.«

»Klar doch – und dann werden die Hortensien eingepflanzt.«

7. Kapitel

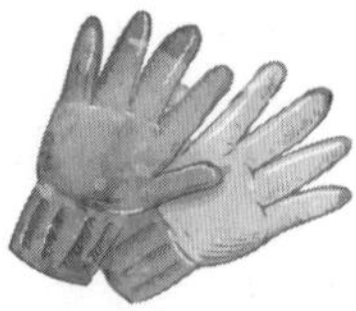

Boah, ist das ekelig!

»Nacktschnecken sind einfach nur ekelig. So viel steht fest«, erkläre ich inbrünstig. »Ich habe noch niemanden getroffen, der diese Tiere mag und unbedingt in seinem Garten haben will.«

»Da geht es mir im Prinzip genauso. Es stellt sich eben nur die Frage, wie man mit den Viechern umgeht.«

»Ne, Konstantin. Da gibt's wohl nur eine Lösung: Weg damit! Viele Gärtner sollen in diesem Punkt alles andere als zimperlich sein. Manche werden sogar zu regelrechten Schnecken-Killern.«

Ich stehe mit meinem Nachbarn am Rande des Rasens und beobachten ein Dutzend Nacktschnecken, das sich übers Gras hinweg zum Beet schleimt. Gerade noch hatte es wie aus Eimern geschüttet, jetzt strahlt wieder die Sonne, und die Schnecken suchen das sichere, dunkle Feuchte.

»In manchen Nächten höre ich die Viecher sogar schmatzen. Und am nächsten Tag kann ich dann den Schaden bestaunen.«

Konstantin lacht und schüttelt dabei den Kopf. »Das hört sich ja an, als ob sich eine ganze Armee bei dir sattfuttert.«

»Ja, so ist es auch. Guck dir doch nur meine neue Hortensie an. Die habe ich erst vor einer Woche gepflanzt. Damals waren ihre Blätter grün und voll. Jetzt sind sie löchrig und total angeknabbert. Das hab doch nicht ich gemacht. Das waren die Nacktschnecken.«

Nach einem verregneten Frühjahr folgt auch schon mal ein verregneter Sommer. In Norddeutschland nichts Ungewöhnliches. Bestes Wetter anscheinend für die Nudibranchia, wie die Nacktschnecke auch gerne elegant unter Fachleuten genannt wird. Ich nenne sie einfach nur: fiese Schleimer oder Mistviecher.

Aber es stimmt, jeder Gärtner scheint anders mit ihnen umzugehen: Musical-Star Angelika Milster sammelt sie im Glas und trägt sie in den nächsten Wald. *Bunte*-Chefredakteurin Patricia Riekel streut Schneckenkorn aus – aber nur das hundefreundliche, und Sängerin Claudia Jung hatte es sogar mit indischen Laufenten probiert, einer der wenigen natürlichen Feinde dieser Biester.

»Und was soll ich nun machen?«, frage ich Konstantin.

»Ach, einfach mal Verschiedenes ausprobieren. Und wenn gar nichts hilft, dann patroullierst du eben nachts übers Grundstück.«

»Haha, veralbern kann ich mich alleine.«

Während wir über den Rasen zurück zur Terrasse gehen, müssen wir nach jedem zweiten Schritt stoppen. Schon wieder kreuzt eine Nacktschnecke unseren Weg. Kein Wunder, bis zur Frischetheke hat sie es nicht weit. Aber nicht mit mir! Jede Einzelne wird vom Rasen gepflückt und plumpst ins Einweckglas. Deckel drauf und fertig. Nach nicht einmal zwanzig Minuten ist das Glas voll. Und jetzt? Auf dem Feld aussetzen? Das geschlossene Glas in die Mülltonne schmeißen?

Es muss doch für dieses Problem eine Lösung geben, verdammt! Einsammeln und aussetzen – das kann es doch nicht sein. Die Tiere kommen ja ohne Weiteres wieder zurück. Oder der Nachwuchs frisst sich durchs Beet.

Man kann es natürlich auch machen wie die amerikanische Schauspielerin Brooklyn Decker. Sie erklärte in einem Zeitschriften-Interview: »Meine Güte, ich war ein total wildes Kind. Mein Bruder und ich aßen Schnecken im Hinterhof. Ekelhaft, aber doch nichts Ungewöhnliches. Andere Kinder futtern schließlich auch Regenwürmer. Dafür habe ich eben nie Prinzessin gespielt.« Musste sie auch nicht, denn vor ihrer Karriere als Schauspielerin war sie immerhin Model für *Sports Illustrated.*

Ich brauche jetzt Hilfe, und die hole ich mir bei Dagmar Frederic. Bisher nahm ich die Schnecken immer auf die leichte Schulter. Das ist vorbei. Jetzt brauche ich Lösungen. Dringend. Und ich weiß: Die Frederic hat bestimmt einen Rat für mich.

»In unserem alten Garten hatten sich zwei Igel eingerichtet. Die lebten in der Hecke. Die beiden kümmerten sich um das Schneckenproblem. Dafür ließen wir sie gratis bei uns wohnen. Das war so eine Absprache«, erzählt Entertainerin Dagmar Frederic lachend, während wir auf ihrer neuen Terrasse sitzen.

»Igel sind aber auch wirklich niedlich.«

»Aber eben nicht nur das, sie sind auch die natürlichen Feinde der Nacktschnecken.«

»Ist das wirklich so?«

»Klar, kannste gern nachschlagen. Den beiden ging's bei uns jedenfalls richtig gut. Hin und wieder haste sie im Beet oder der Hecke rascheln und schmatzen gehört. Da waren sie dann wohl wieder bei ihrer Jagd erfolgreich.«

»Die Schneckenplage hatte sich damit erledigt?«

»Nein, nicht ganz. Hin und wieder mussten wir dann doch noch das eine oder andere Biest einsammeln. Aber es wurden eben weniger.«

Dagmar Frederic war einer der größten und beliebtesten Stars der ehemaligen DDR – für viele ist sie es heute noch. So eröffnete sie 1984 den Neubau des legendären Friedrichstadt-Palastes in Berlin oder moderierte TV-Sendungen wie »Serenade bei Kerzenschein«, »Kinomusik mit Dagmar Frederic« und »Musik, die Ihnen Freude bringt«. Dafür wurde sie verehrt und gefeiert. Zwar bespielt sie heute nicht mehr die ganz großen Bühnen, aber Dagmar Frederic begeistert weiterhin ihr Publikum, wenn auch im kleineren Rahmen.

»Aber was kann ich denn gegen die Schnecken unternehmen, wenn ich nun mal gerade keine Igel im Garten habe. Und erzähl mir jetzt nichts von indischen Laufenten. Für die habe ich keinen Platz.«

Daggi lacht. Laut. Lange. Ohne Luft zu holen. »Du stellst dich ja an. Wahnsinn.«

»Ne, auf Enten habe ich keine Lust.«

»Es gibt Gärtner, die lassen einfach den scharfen Spaten auf die Schnecke hinabsausen. Zack. Aber mir ist das zu brutal. Ich kann das nicht.«

»Das klingt wirklich nach einem Gemetzel.«

»Andere streuen Kochsalz auf die Biester. Das ist ein langsamer Tod. Außerdem Tierquälerei. Auch nichts für mich.«

»Können Gärtner wirklich so gemein sein?«

»Nein, ich glaube nicht. Du kannst es aber auch mit der berühmten Bierfalle ausprobieren.«

»Bierfalle?«

»Ja, Du füllst in einen Napf etwas Bier und stellst den dann ins Beet. Die Schnecke kriecht hinein und besäuft sich. Da kommt sie nicht mehr raus und stirbt.«

»Das klingt jetzt vielleicht nicht ganz so schlimm.«

»Manche schütten sogar noch einen Korn ins Bier…«

»Das wäre ja ein Herrengedeck. So was gab's doch früher immer in den Kneipen.«

»Bierfallen haben nur einen Nachteil: Stellst du zu viele davon auf, lockst du die Schnecken aus der gesamten Nachbarschaft an.«

»Wie? Spricht sich etwa bei denen rum, dass ich einen ausgebe?«

»Keine Ahnung. Wahrscheinlich riechen die Viecher das. Aber wenn du die dann auch noch alle im Garten hast, kannste deine Hortensien komplett vergessen.«

Zweiunddreißig Jahre lebte die Entertainerin in einem schicken Haus in Woltersdorf bei Berlin – großer Garten mit Pool inklusive. Nach einem Rechtsstreit musste sie ihr Heim verkaufen. Ein neues Zuhause war aber dank des Internets schnell gefunden: Einhundertfünfundsechzig Quadratmeter zur Miete am Rande des Dämeritzsees in Berlin-Köpenick. Und natürlich gehört auch ein kleiner Garten zur Wohnung.

Von der Terrasse genießt sie nun ihren Blick auf den See. Ein Ausflugsdampfer schippert vorbei. Die Passagiere winken, Daggi winkt zurück. Sie nippt am Kaffee.

»Wenn du wirklich etwas gegen Nacktschnecken unternehmen willst und dabei auf Chemie verzichten möchtest, musst du ihre natürlichen Feinde in deinen Garten locken«, doziert sie mit einem Lächeln.

»Ach, und wer ist das?«

»Zum einen der Igel. Fühlt der sich bei dir im Garten

wohl, futtert er die Schnecken weg. So wie die beiden, die wir in unserem alten Garten hatten.«

»Das klingt doch schon mal gut.«

»Du kannst aber auch Weinbergschnecken in deinen Beeten aussetzen und Tigerschnecken. Die fressen die Eier der Nacktschnecken. Und wenn du Glück hast, machen die das rechtzeitig vor Saisonstart. Dann kann keine Nacktschnecke mehr schlüpfen.«

»Das klingt jetzt aber spannend.«

»Wie eine Weinbergschnecke aussieht, weißt du doch – oder? Das ist die mit dem großen Haus auf dem Rücken. Die stehen übrigens unter Naturschutz. Die Tigerschnecke erkennst du an ihrem auffälligen, dunkelgrauen Leopardenmuster und dem hellgrauen bis bräunlichen Körper.«

»Schnecke ist also nicht gleich Schnecke.«

»Ne, aber wenn man das weiß, kann man entsprechend handeln und seine Pflanzen auf natürliche Weise vor dem Schlimmsten bewahren.«

»Du sagt es …«

Da fällt mir doch glatt ein dolles Gerücht aus meiner Zeit als Chefreporter ein: Kino-Star Katie Holmes, die Ex von Action-Held Tom Cruise, reibt sich angeblich ihr Gesicht regelmäßig mit Schneckenschleim ein. Laut der britischen Zeitung *The Sun* nutzt die Schauspielerin Cremes, die Mucine enthalten, also Proteine von Weichtieren. Die findet man eben im Schneckenschleim. Angeblich sorgt das für einen jugendlichen Teint. Verrücktes Hollywood!

Die Japaner wollen es gleich ganz genau wissen und lassen sich für die Schönheit Schnecken übers Gesicht schleimen. Das britische Pop-Sternchen Emma Bunton, eine von den legendären »Spice Girls«, hat das dann auch live in ihrer Radio-Show ausprobiert. Blöd, denn das hätte ich wahnsinnig gerne gesehen. Schließlich ist das bester Klatsch- und Tratschstoff. Ihr Kommentar zur Schönheitskur: »Ich sehe keinen Unterschied, ich fühle mich nur ein wenig angewidert, ein wenig ekelig.«

Also, ich will die Dinger weder in meinem Garten noch in meinem Gesicht oder sonst wo haben, denke ich mir. Und Dagmar Frederic dürfte das genauso sehen. Da bin ich mir sicher.

»Es gibt ja noch mehr Viecher, die man nicht unbedingt im Garten haben möchte. Zum Beispiel Blattläuse auf Rosenblättern. Was machst du denn gegen die?«

»Schmierseife. Da hilft ganz wunderbar die gute, alte Schmierseife. Ein Drittel Seife mit zwei Dritteln Wasser verdünnen und auf die Blätter sprühen.«

»So einfach ist das?«

»Du musst das schon zwei Mal am Tag und bestimmt eine Woche lang machen, aber dann sind sie weg. Garantiert.«

»Chemie ist nicht notwendig?«

»Nö, überhaupt nicht. Blattläuse sind übrigens die Leibspeise der wunderschönen Marienkäfer. Behandelst du Blattläuse mit Chemie, schadest du den Käfern und letzten Endes auch unseren Vögeln. Das muss ja nicht sein.«

Der kleine Garten am See tut Daggi gut. Sie lehnt sich in ihr weißes Stühlchen zurück, schließt die Augen und genießt die warmen Sonnenstrahlen auf der Haut. Hündin Ruppi hat es sich zu ihren Füßen gemütlich gemacht und döst vor sich hin. Das trubelige Berlin scheint hier ganz weit weg zu sein. »Du weißt ja, dass mein Vater der

Direktor des Tierparks in Eberswalde war. So bin ich im Grünen, mit vielen Tieren um mich herum, groß geworden. Da ist es doch kein Wunder, dass mir der Garten so viel Spaß macht«, erzählt Dagmar und streicht sich die Falten aus der Hose.

»Ich brauche keinen Psychiater, keine Kosmetikerin. Ich brauche nur meinen Garten«, erklärt sie mir schließlich. Und fügt bescheiden hinzu: »Und dabei weiß ich nicht einmal, ob ich ein guter Gärtner bin. Aber ich zupfe hier und zupfe dort. Währenddessen spreche ich mit meinen Pflanzen und freue mich über jede Blüte, die kommt.«

Auch in ihrem neuen Garten blühen die Rhododendren, Hortensien und Rosen. Man spürt, wie sehr Dagmar Frederic auch ihr neues, grünes Reich liebt, wie sehr es sie glücklich macht. »Das Einzige, was in meinem Leben künstlich ist, sind meine Fingernägel«, sagt sie mit einem Zwinkern. »Und ich wühle damit sogar in der Erde. Ganz ohne Gartenhandschuhe. Ich brauche das eben.«

Dagmar mag es ordentlich. Das sieht man sofort. Unkraut kommt ihr nicht in den Garten, der Rasen wird regelmäßig gemäht und das Laub weggeharkt. Es wirkt alles so akkurat, nahezu perfekt. »Dass du einen grünen Daumen hast, sieht man, aber fühlt sich denn gleich jede Pflanze bei dir wie zu Hause?«, frage ich die Moderatorin und rühre dabei in meinem Kaffee.

»Natürlich ging auch in meinem neuen Garten erst einmal etwas schief. Ich hatte drei neue Rhododendren gepflanzt, von denen zwei gleich traumhaft blühten, aber einer nicht so richtig wollte. Den habe ich dann bequatscht und bequatscht. Jetzt blüht auch der ganz wunderbar. Siehste mal, miteinander zu reden bringt eben wirklich was.«

Auch Dagmars neuer Garten ist ein Ort, an dem man sich wohlfühlen kann. Sitzt man auf der Terrasse, mag man gar nicht glauben, dass die Berliner City schnell zu erreichen ist. Hier trippeln Eichhörnchen herum, klopfen Spechte gegen die Linden und wühlen sich Maulwürfe durchs Erdreich. Herrlich. Wie bei mir auf dem Dorf.

»Den Brunnen im Garten hat mir Klaus, mein Mann, geschenkt. Das Plätschern ist unfassbar beruhigend. Ich nehme mir dann immer meinen Prosecco und eine Zigarette mit raus, setze mich auf den Rasen und höre ihm zu. In diesen Momenten bin ich der glücklichste Mensch.«

Mittlerweile weiß ich, dass die Größe keine Rolle spielt. Selbst wenn man seinen großen Garten aufgeben musste, den, mit dem man so viele wunderbare Erinnerungen verknüpft, bedeutet das noch lange nicht das Ende der Welt. Immerhin lässt sich das Glück auch in einem kleinen Garten finden. Vielen Menschen genügen dafür sechs Quadratmeter Balkon.

»Nun werd mal nicht gleich wieder sentimental«, raunt mir am Abend Konstantin übers Weinglas hinweg zu. Mein lieber Nachbar sitzt mal wieder auf meiner Terrasse und lässt es sich gut gehen – nicht zuletzt, weil der Postbote eine neue Lieferung spanischen Weins vorbeigebracht hat. Die Kellerregale sind also gefüllt und müssen, wenn es nach Konstantin geht, gleich wieder sorgsam geleert werden.

»Deine Dagmar scheint ein toller Kerl zu sein. Die hat sich wohl auch nach der Wende nicht unterkriegen lassen«, sagt Konstantin.

»Nein, hat sie nicht. Die ersten Jahre nach dem Fall der Mauer und der Wiedervereinigung ist sie noch im TV aufgetreten. Heute ist es ein wenig stiller um sie geworden.

Warum auch immer. Trotzdem beißt sie sich durch und nimmt dabei kein Blatt vor den Mund. Zugegeben, Dagmar Frederic gehörte nicht zur DDR-Opposition. Dazu steht sie heute auch. Dafür meldet sie sich nun umso lauter zu Wort, wenn ihr etwas nicht passt. Vor allem in den sozialen Medien beweist sie sich als streitbare Künstlerin.«

»Würdest du sie eine Diva nennen?«

»Ich würde sie eher als Dickkopf bezeichnen. Sie weiß eben, was sie will. Und manchmal will sie eben mit dem Kopf durch die Wand. Das meine ich aber positiv. Sie lässt sich ungern die Butter vom Brot nehmen. Ist doch verständlich. Mir gefällt das.«

Still nippen wir am Rotwein. Die Kerze auf dem Gartentisch flackert. Am Himmel funkeln die Sterne. Es ist Vollmond. »Hör mal«, fordert mich Konstantin auf. »Wieso, was ist?«, flüstere ich.

»Hörst du sie schmatzen?«

»Wen?«

»Na, deine Nacktschnecken. Sie sind wieder unterwegs.«

»Das kann doch nicht sein.«

»Wetten?«

»Los, wir gehen gucken!«

Mit dem Weinglas in der Hand schleichen wir über den Rasen hinüber zu den neuen Hortensien. Die habe ich erst vor zwei Wochen gepflanzt. Es sind die teuren, für mehr als zwanzig Euro das Stück. Aber: Keine Schnecke zu sehen, keine zu hören.

»Guck mal, die haben schon die ersten Blätter angeknabbert.«

»Das gibt's doch gar nicht. Warte, ich hole eine Taschenlampe.«

Als ich zurück bin, leuchte ich die Hortensien kräftig an. Ich zähle zwei, drei, vier, fünf Nacktschnecken auf den Blättern, plus zwei, die sich gerade auf den Weg zum Mitternachtsbüfett machen. Scheußlich.

»Ich hab's dir gesagt. Du wolltest es ja nicht glauben.«

Konstantin kichert. Ich sammle die Schnecken ein. Die kommen in ein altes Marmeladenglas. Deckel drauf, und dann ab damit in den Müll.

»Morgen stelle ich ein oder zwei Bierfallen auf. Das hilft hoffentlich. Wenn's gar nichts bringt, dann greife ich eben auch zum Schneckenkorn. Ich lass mir doch von den Biestern nicht das Beet kaputt machen …«

Oder sollte ich doch lieber einen oder zwei Igel engagieren?

8. Kapitel

Buddeln, so wie Gott mich schuf

Pop-Star Sting soll es mit Vorliebe machen. Theater-Ikone Helen Mirren, die die Queen in dem gleichnamigen Kinofilm so beeindruckend gespielt hat, ebenfalls. Und TV-Star Liz Hurley tut es mehr oder weniger, wenn keiner hinguckt. Auch Jutta Speidel lässt gerne in ihrem Garten sämtliche Hüllen fallen und genießt den warmen Sommerwind auf nackter Haut. Das will ich jetzt auch mal probieren – nackt gärtnern, ohne lästigen Stoff auf der Haut das Unkraut jäten. Im Garten buddeln, so wie Gott mich schuf. Schuld ist das Internet.

Draußen schüttet es wie aus Kübeln, an Gartenarbeit ist nicht zu denken, und das Haus ist auch geputzt. Ja, ich putze mittlerweile auch. Einer muss doch das Haus in Schuss halten. An einen Shopping-Ausflug nach Hamburg ist auch nicht zu denken. Also, was bleibt? Surfen. Im Internet. Kostet nichts und macht Spaß. Ich könnte natürlich auch den einen oder anderen Freund anrufen, Kontakt zu ehemaligen Kollegen aufnehmen oder mein Netzwerk reanimieren. Aber danach steht mir überhaupt nicht der Sinn. Wenn ich schon nicht in den Garten kann, dann will ich jetzt wenigstens ins Internet.

Als Erstes checke ich meine E-Mails. Muss ja mal gemacht werden. Also einmal am Tag. Ein Reiseveranstalter will mich ins österreichische Burgenland locken, ein anderer in die Dünen Dänemarks. Mir werden Tulpenzwiebeln angeboten, super-günstige Kredite, und weil der Sommer so heiß ist, auch gleich noch Deckenventilatoren fürs Schlafzimmer. Es folgen exklusive Geldanlagen und Beauty-OPs. Na, danke schön. Die Löschtaste klackert und klackert. Ab mit diesen nervigen Online-Wurfsendungen in den Papierkorb. So was braucht doch kein Mensch.

Weiter geht's zu Facebook. Katzenfotos, Foodporn, nackte Füße am Mittelmeerstrand – fürchterlich. Weil der Ostfriesentee alle ist, mache ich mir jetzt erst einmal in der Küche einen Kaffee. Die Kaffeemühle brummt, das Wasser fließt in die Kanne. Ruckizucki ist die Kaffeemaschine betriebsbereit und der Kaffee fertig. Jetzt noch etwas dänisches Gebäck auf den Teller und dann zurück an den Esstisch – per Laptop weiter surfen im Netz.

Facebook ist öde. Wirklich öde. Stelle ich gerade fest.

Es klingelt an der Tür. Konstantin. »Moin, Nachbar. Zeit für einen Kaffee?«

»Klar, gerade gemacht. Komm rein.«

»Oh, du bist im Internet unterwegs?«

»Mmmh.«

»Darf ich mal?«

»Klar ...«

»Dann guck mal hier. Naked Gardening. Würde dir doch bestimmt auch Spaß machen.«

»Nicht dein Ernst, oder?«

»Doch. Ich mach's auch – wenn das Wetter mitspielt.«

»Und was sagen die Nachbarn dazu?«

»Die bekommen das gar nicht mit. Passiert doch hinter der Hecke.«

»Naked Gardening« liegt voll im Trend. Es gibt sogar einen »World Naked Gardening Day«. Der wird immer am ersten Sonnabend im Mai gefeiert. Dann schlüpfen Hobby-Gärtner weltweit aus ihren Klamotten und wuseln durch ihre Gärten.

»Guck mal hier, das hat überhaupt nichts mit Erotik zu tun«, erklärt mir Konstantin und zeigt auf den Monitor. Zwei Gärtner posieren im Blumenbeet ohne Hemd und ohne Hose, das beste Stück hinterm Spaten versteckt.

»Ist doch witzig«, grinst Konstantin. »Das musst du unbedingt auch mal probieren.«

»Würde ich doch glatt machen, aber im Gegensatz zu dir können bei mir die Nachbarn noch in den Garten schauen. Da würde ich ungern nackt vor denen rumturnen.

»Was du immer hast«, grinst Konstantin und nippt an der Kaffeetasse, »dann musst du dir eben etwas einfallen lassen.«

Der World Naked Gardening Day wird 2005 von den beiden Amerikanern Mark Storey und Jacob Gabriel ins Leben gerufen. Die Akzeptanz des nackten, menschlichen Körpers soll gefördert und gefeiert werden. Welcher Ort eignet sich dafür besser als der heimische Garten?

Alles begann an einem Sonnabend im September. Auf die Dauer war's in diesem Monat allerdings zu kühl, denn einige Gärtner in den USA hatten da schon mit Schnee im Garten zu kämpfen. Also wurde der World Naked Gardening Day auf den ersten Sonnabend im Mai verlegt. Passt auch besser, immerhin kehrt mit dem Frühling das Leben zurück in den Garten.

Sogar Barack Obama scheint ein Fan nackter Gartenarbeit zu sein. »Sobald wir unsere Kleider abgeworfen haben, sehen wir, dass die Menschen nur einfache Menschen sind. Wir müssen uns auf Dinge konzentrieren, die wir gemeinsam haben, die Menschen zusammenbringen, und nackt im Garten zu arbeiten ist eines davon. Sie können dabei auf mich zählen«, soll er einmal gesagt haben. Ob er nun allerdings auch nackt im Garten des Weißen Hauses das Unkraut gejätet hat, weiß man nicht.

Hollywood-Sternchen Alicia Silverstone schuftet ebenfalls nackt im Garten. Die Schöne aus Filmen wie »Scooby-Doo 2 – Die Monster sind los« oder »Batman & Robin« verrät im Interview: »Ich fing damit an, als ich das erste Mal in meinem eigenen Garten arbeitete. Es war so unglaublich heiß da draußen, dass ich nach und nach alle Klamotten auszog. Und danach sprang ich nackt in den Pool. Das mache ich übrigens noch immer so. Wozu braucht man denn auch einen Badeanzug?«

Haben die denn alle kein Schamgefühl? »Jetzt stell dich mal nicht so an«, lacht Konstantin. »Such dir eine Ecke aus, in der du dich unbeobachtet fühlst, und mach es einfach mal. Du wirst schon sehen, das ist ganz angenehm.«

Warum eigentlich nicht? Probieren geht ja bekanntlich über Studieren. Allerdings wäre es gut, wenn ich dabei einige Regeln beachten würde, erklärt mir Konstantin. Ich sollte nicht die Rosen schnippeln oder zu nahe an die Bougainvillea kommen – die könnte mich ganz fix verletzen. Kann ich verstehen. Ich sollte auch nicht im Vorgarten arbeiten, wegen der Nachbarn – schließlich sei ich ja kein Exhibitionist – oder die elektrische Heckenschere benutzen. Das ist nackt einfach zu gefährlich.

»Zupf einfach ein bisschen Unkraut, schneide die Stauden zurück und harke die Beete«, sagt Konstantin. »Du kannst auch noch die eine oder andere Pflanze einbuddeln, wenn du willst. Brauchst du dazu aber die Grabegabel oder den Spaten, solltest du dir wenigstens feste Schuhe anziehen. Gleiches gilt, wenn du ausgerechnet am World Naked Gardening Day den Rasen mähen möchtest.«

Wahrscheinlich darf ich auch die Sonnencreme nicht vergessen. Schließlich will ich mich ja nicht verbrennen. Gut, also abgemacht. Ich mache beim World Naked Gardening Day mit. Wenigstens einmal – auch wenn's nur kurz ist.

»Mich verdeckt beim Sonnenbad nur die Bambushecke«, verrät mir Österreichs Show-Legende Dagmar Koller. »Dabei muss mich ja auch nicht jeder sehen können, oder?« Nur zu gerne hätte ich sie in Wien besucht. Aber die Koller treibt sich mal wieder an der portugiesischen Algarve rum. Gleich für mehrere Wochen hat Dagmar sich dort einquartiert. So würde ich es auch machen, wenn ich dort ebenfalls ein so schönes Anwesen besitzen würde. Also telefonieren wir. Außerdem hat sie bald Geburtstag. Da möchte ich doch meine besten Wünsche so persönlich wie möglich überbringen.

»Außerdem hat der nette Hotelier von nebenan erst kürzlich eine Mauer zu meinem Grundstück hochgezogen. So sieht mich erst recht keiner mehr. Jetzt habe ich die volle Privatsphäre. Herrlich.«

Vor mehr als zwanzig Jahren hat ihr mittlerweile verstorbener Ehemann, der ehemalige Wiener Bürgermeister Helmut Zilk, das Haus in Portugal gekauft. »Er hat uns auch einen wunderbaren, gefliesten Patio hergerichtet. Mit großen, wuchtigen Tonkrügen, in denen nun die schönsten Sukkulenten wachsen.«

»An der Algarve genießt du also auch nackt die Sonne?«

»Klar, im eigenen Garten. Aber nicht am Strand. Am Strand mache ich meinen langen Spaziergang.«

»Und der Bambus schützt deine Privatsphäre?«

»Ja, und das macht er sehr gut.«

»Aber Bambus breitet sich doch wahnsinnig schnell im Garten aus und verdrängt schwuppdiwupp die anderen schönen Pflanzen.«

»Darum soll man ja Bambus auch immer in diese großen Maurertonnen setzen. Weißt du, diese schwarzen Plastikdinger, in denen Maurer ihren Mörtel anrühren. Die stellst du zuerst in ein gebuddeltes Loch im Boden, dann wird dort der Bambus reingesetzt, und schließlich kommt die Erde drauf. Fertig.«

»Und der Bambus kann sich dann wirklich nicht mehr ausbreiten?«

»Nein, kann er nicht mehr. Komischerweise war das hier an der Algarve nicht notwendig. Aber es wäre ja auch nicht gegangen. Die Mutterbodenschicht ist einfach zu dünn. Da kommt ja gleich der Felsen.«

Nach neuesten Messungen ist meine Hecke mittlerweile zwei Meter hoch. Eigentlich müsste mich das schon vor neugierigen Blicken schützen. Aber da ich nur einen kleinen Garten besitze und die Häuser in meiner Straße etwas enger stehen, können die Nachbarn trotz Hecke aus dem ersten Stock ganz bequem einen großen Teil meines Grundstücks überblicken. Und sie tun es auch. Einfach so. Natürlich ohne mich zu fragen.

Superstar Shakira kennt das Problem natürlich nicht.

Woher auch? Ihr Garten auf den Bahamas ist riesig. »In meiner Freizeit laufe ich am liebsten völlig ungeschminkt und nackt rum«, gestand die Sängerin einmal in der *Bravo*. »Am meisten hasse ich es, im Garten oder am Strand Schmuck zu tragen. Da fühle ich mich wie an Ketten gelegt! Wenn ich könnte, dann würde ich gerne immer nackt leben – wie Eva im Paradies.« Auf ihrem Grundstück kann sie das. Völlig unbeobachtet. »Jetzt ist das ganze Haus umgeben von roten und pinkfarbenen Blumen. Es sieht aus wie im Garten Eden.«

Und was mache ich? Schließlich bin ich kein Pop-Star, der sich eine Millionen-Villa samt exotischem Garten auf einer karibischen Insel leisten kann. Ich muss mich stattdessen mit meinem kleinen Garten in Jesteburg begnügen – und meinen Nachbarn. Das ist auch nicht weiter schlimm, im Gegenteil, nur ist meine Figur jetzt auch nicht so toll, dass ich sie unbedingt allen zeigen möchte. Meine Rundungen sind von »strandtauglich« jedenfalls weit entfernt. Eher Modell »Waschbär« als »Waschbrettbauch«.

Ich will ja auch nicht, dass es mir eines Tages so geht wie Teenie-Idol Katie Perry. World Naked Gardening Day hin oder her. Die hübsche Sängerin dachte, ihr Grundstück sei nicht einsehbar und jätete oben ohne Unkraut. Blöd, dass es in der Hecke doch ein Loch gab und die Lausebengel von nebenan ohne Probleme vom Balkon aus die Amerikanerin beobachten und fotografieren konnten. Die Fotos fand man übrigens ziemlich fix im Internet.

»Dir bleibt nichts anderes übrig, als Büsche und Bäume auf deinem Grundstück strategisch zu pflanzen«, erklärt Dagmar Koller am anderen Ende der Leitung.

»Aha?«

»Im Theater gibt es eine Regel, die lautet: Du wirst nur dann gesehen, wenn du auch andere siehst.«

»Logisch, dass man nicht gesehen wird, wenn der Vorhang unten ist.«

»Aber jetzt mal im Ernst. Setz dich auf deine Terrasse, und schau, wo die Fenster der anderen sind. Dann pflanzt du einen Busch oder Baum, der dieses Fenster verdeckt oder verdecken wird, sobald er groß ist. Dann wirst du nicht mehr gesehen und kannst dich, wie Gott dich schuf, auf der Terrasse in der Sonne aalen oder eben nackt im Garten arbeiten.«

»Klingt eigentlich ziemlich simpel, wenn auch ein bisschen zeitaufwendig.«

»Ist es auch. Du könntest doch Obstbäume pflanzen. Apfel, Birne, Pflaume oder Kirsche. Im Frühling blühen die schön, und im Sommer ist das Laub dicht, später kannst du sogar noch tolle Früchte ernten und damit Kuchen backen oder Marmelade kochen.«

Mit dem Hörer am Ohr stelle ich mich auf den Rasen und schaue, wo die Fenster sind. Dann setze ich mich auf die Terrasse und gucke, von wo ich gesehen werden könnte. Ich gehe rein, hole mir Papier und Stifte, um meinen Garten zu skizzieren. In der Zeichnung markiere ich schließlich die Position der Bäume. An der Terrasse kommen Büsche in die Erde, denke ich mir. Dann müsste ich irgendwann eigentlich völlig unbeobachtet durch den Garten gehen können.

»Welche Bäume wachsen eigentlich in deinem Garten an der Algarve«, frage ich Dagmar Koller. Obstbäume werden es ja wohl nicht sein, oder?

»Das Schönste an meinem Garten hier sind die Palmen. Die ersten habe ich zusammen mit Helmut gleich nach dem Hauskauf gepflanzt. Mittlerweile sind die meterhoch und wiegen sich majestätisch im Wind.«

»Keine Laubbäume?«

»Ich glaube nicht, dass die hier wachsen würden. Es regnet zu wenig und der Boden ist zu felsig. Der Mutterboden ist doch nur zentimeterdünn. Anders, als bei uns in Nordeuropa. Hier gehören Palmen her. Die finden sich damit zurecht. Die Palme ist ohnehin mein Lieblingsbaum geworden.«

»Ein kleines Paradies, oder?«

»Ja, leider sind schon einige unserer Palmen umgeknickt. Entweder war der Sturm schuld oder sie waren zu alt. Aber dann habe ich einfach neue gepflanzt.«

In den ersten Jahren nach dem Tode ihres Mannes fiel es der Grande Dame des österreichischen Musiktheaters schwer, das Haus an der Algarve zu betreten. Zu groß war die Trauer, zu viele Erinnerungen füllten Haus und Garten. Mittlerweile genießt sie dort wieder ihren Urlaub und ihren Garten. »In der Wiener Wohnanlage, in der ich lebe, gibt es nur Rasen und einige Rosen. Das ist auch sehr hübsch, wird aber von einem Gärtner gepflegt. An der Algarve kümmere ich mich selber um den Garten.«

»Ich kann mir gut vorstellen, wie schön es ist, dort im Garten herumzuwuseln«, behaupte ich, und Dagmar Koller erklärt: »Vom Garten habe ich einen herrlichen Blick aufs Meer. Den kann ich wunderbar genießen. Viel ist hier auch nicht zu tun. Das Unkraut hält sich zurück, und wenn mal was wächst, dann ist es so ein schönes Gras. Das lasse ich dann auch gerne mal stehen.«

»Aber du pflanzt hin und wieder auch etwas, oder?«

»Wenn mir danach ist, fahre ich zum Gärtner und kaufe zum Beispiel Kapmargeriten in den schönsten Farben. In Blau, Rot, Gelb oder auch mal in Weiß. Sie sehen aus wie zu große Gänseblümchen. So lustig und fröhlich. Die wachsen hier so wunderbar.«

»An der Algarve kann es aber auch sehr heiß werden, dann muss die Gartenarbeit ruhen, oder?«

»Ach, hin und wieder ist das so. Oft weht hier vom Meer aber ein angenehmes Lüftchen rauf. Nur auf die Sonne muss man unbedingt achten. Die kann einem ganz schnell die Haut verbrennen. Ansonsten hält mich die Gartenarbeit jung. Ich trainiere ja auch noch jeden Morgen.«

»Du trainierst?«

»Ja, an der Stange. Ich bin doch ausgebildete Balletttänzerin. Da muss ich meine Übungen machen. Das hält mich jung, schlank und gelenkig.«

Gut, ich wage es. Auch wenn nicht World Naked Gardening Day ist. Ich ziehe blank und tanze durch meinen Garten – aber nur auf einem wirklich nicht einsehbaren Rasenstreifen, gleich direkt vor der Hecke. Und tanzen ist eigentlich auch übertrieben, eher schleiche ich ein wenig auf und ab. Und dennoch: Der Wind streicht über meine Haut, die Sonne kitzelt im Nacken. Herrlich. Dabei ist es nicht einmal sonderlich warm. Zwölf Grad im Schatten. Ist ja auch noch April und nicht Hochsommer. Aber was soll's? Natürlich wandert mein Blick die Hecke hinauf zu den Fenstern der umliegenden Häuser. Sehe ich da gerade eine Gardine wackeln? Quatsch! Und wenn schon, jetzt ist es mir egal. Wenigstens für eine Sekunde.

Es stimmt: Irgendwie fühlt sich das nackte Tänzchen im Garten befreiend an. Grenzenlos hüllenlos eben. Auf dem Rasen liegend kitzelt das Gras hinterm Ohr. Hätte es geschneit, würde ich nun einen Engel in den Schnee zaubern. Die Beete und das Unkraut sind mir jetzt egal. Ich möchte fühlen, wie es ist, nackt in meinem Garten zu sein. Ohne meine Nachbarn damit zu belästigen, aber auch geschützt vor ihren geringschätzigen Blicken.

Die Tür vom Carport geht auf und wird wieder ins Schloss geschmissen. Hatte ich die nicht abgeschlossen? Verdammt! Konstantin steht auf der Terrasse und grinst. »Na, haste es doch mal ausprobiert? Fühlt sich doch gut an, oder?« So auf dem Rücken liegend, werde ich rot, aber was soll's?

»Ja, fühlt sich gut an. Aber kannst du das nächste Mal vielleicht erst einmal an der Haustür klingeln?«

»Och, ich dachte, wir wären schon weiter.«

»Na, ist ja auch egal.«

»Weißte was, ich mach einfach mit.«

Ich kann gar nicht so schnell gucken, wie Konstantin Hose und Hemd fallen lässt, und plötzlich steht auch er splitterfasernackt in meinem Garten und legt sich neben mich auf den Rasen. Gemeinsam beobachten wir die vorbeiziehenden Wolken am Himmel.

»Zu zweit macht's doch gleich mehr Spaß, nicht wahr?«, fragt Konstantin und knabbert an einem Grashalm.

»Stimmt. Ist angenehm. Zupfen wir jetzt auch noch Unkraut und harken die Beete durch. So wie wir sind?«

»Klar, können wir machen. Aber wir könnten auch ein Gläschen Wein auf der Terrasse trinken. So wie wir sind. Dann sind wir auch unbeobachtet.«

»Wie, hat sich jetzt doch eine Gardine bewegt?«

»Schau doch«, sagt Konstantin und zeigt mit dem Finger auf das Haus neben meinem. »Dort oben hocken die Kids vorm Fenster und amüsieren sich.«

»Okay, dann nichts wie ab auf die Terrasse. Die ist wenigstens nicht einsehbar.«

Wir sammeln unsere Klamotten zusammen. Konstantin setzt sich auf die Terrasse, ich hole den gekühlten Grauburgunder aus der Küche. »Na siehste, ist doch ganz angenehm – so nackt im Garten.«

»Stimmt. Dennoch ungewohnt.«

Fix ziehen wir uns Hose, Hemd und Pullover wieder an, prosten uns zu und genießen noch ein wenig den rauen Apriltag. Noch ist es zu kalt für nacktes Gärtnern. Im Mai, am World Naked Gardening Day, ist es dann hoffentlich schon etwas wärmer.

9. Kapitel

Eine Rose ist eine Rose, ist eine Rose – oder vielleicht doch nur eine nervige Zicke?

Kein Hollywood-Blockbuster ohne Stars, kein Garten ohne Rosen! Das ist wohl ein Naturgesetz. Kann ich auch verstehen, schließlich locken Stars die Zuschauer ins Kino und Rosen den Blumenfreund in den Garten. Allerdings habe ich in den Jahren als Klatschreporter Stars kennengelernt, die waren echte Zicken. Unnahbar, nervend, verwöhnt. Da geht man dann doch lieber auf Abstand. Hoffentlich sind Rosen anders. Schließlich hätte ich wahnsinnig gerne welche im Garten. Es müssen nicht viele sein. Nur hier und dort als Blickfang. Rosen sind schließlich so elegant, herrlich wohlduftend und einfach nur schön anzusehen.

»Ach, so kompliziert ist das gar nicht mit den Dingern«, behauptet Konstantin. »Ich habe Frauen gekannt, die waren komplizierter.«

»Du bist und bleibst ein alter Macho.«

»Ist doch wahr …«

Wenn Rosen tatsächlich so pflegeleicht sind, wie Konstantin behauptet, verstehe ich nicht, dass TV-Liebling Saskia Vester ihre Rosen als »kümmerlich« beklagt, Show-

Legende Marlene Charell auch schon »großes Pech« mit ihnen hatte und die ehemalige *Bunte*-Chefin, Patricia Riekel, sich in puncto Rosen gerne als »Pechvogel« bezeichnet. Musical-Star Angelika Milster verzichtet sogar komplett auf Rosen in ihrem Garten.

Nach einer kurzen Lektüre im Internet weiß ich nun allerdings: Rosen können mit unseren Hollywood-Lieblingen durchaus mithalten. Immerhin verlangen sie gerne nach dem besten Platz im Beet, wollen immer im Mittelpunkt stehen, und man sollte ihnen nahezu jeden Wunsch von den Blättern ablesen. Da müssen diese Pflanzen doch überschnappen und jeder Gärtner genervt die Flucht antreten. Kein Wunder, dass die Rose die Lieblingsblume so vieler berühmter und berüchtigter Diven ist, egal, ob weiblich oder männlich. Die spüren bestimmt die Seelenverwandtschaft.

»So ein Schmarrn«, erklärt mir Carolin Reiber, TV-Moderatorin und Grande Dame der Volksmusik, inbrünstig. »Ich kümmere mich nicht viel um meine Rosen, und trotzdem blühen sie. Mal mehr, mal weniger, aber immer zauberhaft. Je nachdem, wo sie stehen.«

Bei meiner Lieblingsdiva scheinen sie allerdings genau richtig platziert zu sein: Zum Haus von Barbra Streisand im kalifornischen Malibu gehört nämlich ein Rosengarten, der jeden Blumenfan neidisch macht. Dort blühen Rosen mit so klingenden Namen wie »Ingrid Bergman«, »Frédéric Mistral« und – wie sollte es auch anders sein – zahllose Rosen mit dem Namen der Hausbesitzerin. Sie leuchten in Blassrosa, Aprikose und Perlmutt und duften herrlich nach Zitrone, Orange und Myrrhe. Eine sieht schöner aus als die andere. Die perfekte Kitschkulisse. Typisch Barbra.

»Ich bin von der Natur so verzaubert. Es ist wie ein Leben auf dem Ozean. Ständig verändert sich das Bild«, schwärmt La Streisand in einem ihrer wenigen Interviews von ihrem Rosengarten. Unterstützung bei der Gartenarbeit findet die Hollywood-Diva bei einem ganzen Trupp ausgewählter Gärtner, wie man hört. Man kann sich auch nur zu gut vorstellen, wie sie in Jeanshosen und mit einem Strohhut auf dem Kopf an der Seite ihrer vielen Fachkräfte die Rosen schneidet oder die Hortensien düngt. Im Schatten des Hauses sitzend, genießt sie anschließend den Blick auf ihren Garten. Vielleicht hat sie sich bei der Arbeit sogar einige Kratzer geholt, die Fingernägel wurden dreckig, und einzelne Schweißtropfen perlen nun den Nacken hinunter. Sie genießt zur Erholung ein Glas selbst gemachter Limonade. Während sie so dort sitzt, übermannt sie ein Glücksgefühl. Sie spürt Erfüllung. Freude. Frieden.

»Ich brauche kein Heer von Fachkräften. Ich mache alles selber. Meine Rosen werden von mir auch mit Komposterde versorgt, ich spritze gegen Krankheiten und schneide sie leicht im Herbst zurück und dann noch einmal im Frühjahr«, so Carolin Reiber im schönsten Bayerisch, und ich glaube es ihr sofort.

»Aber spritzen soll man seine Rosen doch nicht mehr …«

»Auf mein Rosenspray will ich nicht verzichten. Da habe ich jetzt auch kein schlechtes Gewissen. Ich geb ja sonst keine Chemie in den Garten. Nicht einmal künstlichen Dünger. Nein, ansonsten gärtner ich schon sehr nachhaltig und ökologisch. Wenn man es ganz genau nimmt, habe ich sogar einen richtigen Bio-Garten. Aber die Rosen brauchen manchmal eben ein wenig Hilfe aus der Spraydose. Das muss man mir schon verzeihen.«

Auch Leinwand-Legende Elizabeth Taylor liebte die Königin der Blumen und besaß einen traumhaften Rosengarten auf ihrem Anwesen im Promi-Viertel Bel Air, hoch über Los Angeles. Von dort hatte der Star aus Filmen wie »Die Katze auf dem heißen Blechdach« oder »Cleopatra« einen grandiosen Blick über die Skyline von Los Angeles bis hin zum Pazifik. 1954 hatte die dreifache Oscar-Gewinnerin Haus und Grundstück mit ihrem damaligen Ehemann Michael Wilding gekauft. Wahrscheinlich für einen Appel und ein Ei. Als Erstes ließ sie in ihrem neuen Garten Rosen pflanzen. Die Diva ist mittlerweile verstorben, aber die Rosen blühen noch immer.

»Natürlich sah sie immer blendend aus, wenn sie eine wichtige Preisverleihung oder Party besuchte. Dann legte sie ihre wertvollsten Diamanten an und trug ihre schönsten Kleider, dann war sie Elizabeth Taylor – der Star«, erzählte der italienische Modezar Valentino. »War sie aber zu Hause, dann mochte sie es gemütlich, wollte nur ihre Freunde um sich haben und liebte gutes Essen. Dann war sie Elizabeth Taylor – der Mensch.«

Dann zog sie sich gerne ihren weiten Kaftan über, griff zur Rosenschere und sorgte für Ordnung im Beet. Sie stellte sich natürlich auch den einen oder anderen Strauß fürs Wohn- oder Schlafzimmer zusammen. Elizabeth Taylor war regelrecht vernarrt in ihre Rosen. Gerne bezeichnete sie sie als »ihre Kinder«. Verrückt, oder?

Carolin Reibers Erfolgsgeheimnis für schöne Rosen ist übrigens der eigene Kompost. »Drei Komposter habe ich hinten auf dem Grundstück«, erfahre ich unter dem Siegel der Verschwiegenheit.

»Gleich drei?«

»Aber klar doch. Drei sollten es schon sein. In den ersten kommen die Blumenabfälle, der alte Salat und alles andere. Das muss dann ein Jahr ruhen. Im zweiten verrottet schon alles. Und im dritten Komposter ist dann die fertige Erde.«

»Gut durchdacht.«

»Ja. Die drei stehen dann auch nebeneinander. Das macht's noch einfacher.«

»Muss man damit irgendwas machen? Den werdenden Kompost zum Beispiel feucht halten?«

»Nein, man muss gar nix machen. Die kann man einfach in Ruhe lassen.«

»Also Deckel drauf und fertig?«

»Deckel, wieso Deckel? Da gibt's keinen Deckel.«

»Die Komposter, die im Discounter angeboten werden, haben aber welche. Die sind aus Plastik und haben einen Deckel.«

»Um Gottes willen. Plastik kommt mir nicht in den Garten.«

»Ach, ich dachte, die wären ganz toll.«

»So was braucht doch die Welt nicht. Nein, bei mir sind das drei Abteile, die jeweils von einem Drahtzaun eingefasst sind. Ganz ohne Deckel. Dort wird der Abfall zu Humus. Das ist dann eine gescheite Erde. Und soll ich dir etwas verraten?«

»Aber gerne doch ...«

»Früher habe ich im Sommer immer die Tulpenzwiebeln ausgebuddelt, dann gelagert und schließlich wieder eingebuddelt. Das ist mir aber heute zu viel Arbeit. Wenn ich eine zufällig ausbuddle, schmeiß ich sie einfach auf den Kompost. Darum wachsen dort nun auch die Tulpen.«

Als die amerikanische Talk-Queen Oprah Winfrey 2001

ihr fünfundsechzig Hektar großes Grundstück im kalifornischen Montecito kaufte, hatte sie auch noch keine Ahnung von Rosen – ganz so wie ich jetzt. »Was wusste ich über einen Garten?«, erzählt sie im Interview. »Ich verließ bis dahin meine Wohnung im Water Tower in Chicago um 5.30 Uhr morgens und kam abends nach acht Uhr wieder zurück. Da war es schon dunkel draußen. Daher konnte ich gar nicht verstehen, warum viele so verrückt nach Rosen waren.« Mir ging es lange Zeit ähnlich. Heute liebt Oprah ihre Gartenrosen. Die Talk-Lady besitzt mittlerweile einen beeindruckenden Rosengarten mit Blick aufs Meer.

In der Vase schmückten sie schon des Öfteren meinen Redaktionsschreibtisch, jetzt sollen sie in meinem Garten wachsen und blühen. Das habe ich mir fest vorgenommen. Aber anders als Barbra Streisand, Elizabeth Taylor, Designer Tom Ford oder Oprah kann ich mir keinen Gartenarchitekten leisten, der mir mein Gartenparadies zusammenzimmert. Ich muss es selber machen. Und: Ich mache es gern. Allerdings weiß ich mittlerweile, dass jede Pflanze ihre eigenen Bedürfnisse hat. Das möchte ich berücksichtigen. Auch wenn es ums Futter geht. Darum hake ich bei Carolin Reiber nach: »Kompost ist wirklich das beste Futter für Rosen – oder?«

»Ja! Wenn die Tulpen in die Erde kommen, dann kommt der Kompost an die Rosen. Schließlich noch einmal im Frühjahr.«

»Aber Rosen gelten als sehr anstrengend ...«

»Nein, sind sie gar nicht. Man kann sie einfach wachsen lassen. Das wird schon. Und wenn man Lust hat, schneidet man das Verblühte raus.«

Mittlerweile sollen mehr als dreißigtausend Rosensorten im Handel sein. Eine davon wurde übrigens nach Carolin Reiber benannt. Andere nach Karl Lagerfeld, Steffi Graf, Rosamunde Pilcher oder Heidi Klum. Eines haben sie alle gemeinsam: »Rosen brauchen unbedingt ein helles, sonniges Fleckchen«, erklärt mir Gräfin Bettina Bernadotte, die Herrscherin über die Blumeninsel Mainau, als wir kurz miteinander telefonieren. »Rosen lieben die Sonne. Im Schatten verkümmern sie. Das können wir ihnen nicht antun.« Da spielt es auch keine Rolle, ob es sich um Zwergrosen oder Strauchrosen handelt, Edel- oder Beetrosen, Kletter- oder Ramblerrosen – Licht und Wärme lieben sie alle.

»Ein Traum sind übrigens meine Pfingstrosen. Die sind schon ungefähr achtzig Jahre alt. Die sind der Wahnsinn«, schwärmt die Hohepriesterin der Volksmusik.

»Sind das Staudenpfingstrosen?«

»Ja, genau. Die richtigen Pfingstrosen. Das sind richtige Büsche.«

»Die ziehen sich im Herbst in den Boden zurück …«

»Genau – und dann muss man alles darüber abschneiden. Die sind einfach wunderbar.«

Während die »First Lady der Volksmusik« schwärmt, recherchiere ich und finde heraus: Pfingstrosen sind mit Abstand die schönste Mogelpackung für den Garten. Denn das sind gar keine Rosen, sondern Hahnenfußgewächse. Ihren Namen hat die Pfingstrose übrigens den prächtigen Blüten zu verdanken – sie ähneln denen der Rose und blühen in der Regel an Pfingsten. Da war der Name natürlich ziemlich fix gefunden. Die sind so schön, die sollen nun auch vor meinem Haus wachsen.

»Meine hatten dieses Jahr so viele Blüten, dass ich sogar welche verschenkt habe. Sonst mache ich das ja nicht. Aber heuer hatte ich so viele, dass sogar meine Nachbarn welche abbekommen haben«, erzählt die Moderatorin.

»Ich find's ja toll, wenn man im eigenen Garten Blumen für die Vase schnippeln kann.«

»Och, da bin ich aber knickerig.«

»Wieso?«

»Wenn zu mir jemand kommen und fragen würde, ob er sich ein paar Blumen abschneiden könnte, würde ich ihn gleich fragen, ob er noch alle beisammen hat.«

»Blumen gehören ins Beet?«

»Aber natürlich. Das Einzige, was man in meinem Garten abschneiden könnte, sind Margeriten oder Maiglöckchen. Aber Rosen? Nein, so viele habe ich nicht. Die blühen schön weiter in meinem Garten.«

Carolin Reiber ist dann auch nicht die Einzige, die überschwänglich von ihren Pfingstrosen berichtet. Auch Schauspielerin Saskia Vester lobt ihre Paeonien, so lautet der biologische Name der Pflanze, in den höchsten Tönen. »Meine wachsen unter einem Apfelbaum. Mit ihren dicken, rosafarbenen Blüten sehen die unglaublich schön aus. Auch später, wenn sie nicht mehr blühen, sind sie der Hammer. Diese grünen Blätter sind einfach nur grandios. Die sehen auch in der Vase toll aus.«

Aber ebenso wie die echten Rosen stellen auch Pfingstrosen Ansprüche, lerne ich. Auch wenn's nur wenige sind, keimt in mir mehr und mehr der Verdacht, dass ich es nur noch mit Diven im Garten zu tun habe. Ist das schon Verfolgungswahn? Bin ich durch meinen Beruf derart geschädigt, dass ich hinter jedem grünen Busch gleich eine zickige Diva vermute? Mein Puls beschleunigt sich.

Pfingstrosen dürfen nicht zu tief gesetzt werden, vertragen keine pralle Sonne und wollen eigentlich nur in Ruhe gelassen werden. Okay, das kann ich verstehen. Zum Herbst muss man sie allerdings bodentief abschnippeln, im Frühjahr vielleicht ein wenig düngen. Ist machbar und eigentlich nicht sehr aufwendig, beruhige ich mich. Sollten ihre Blüten zu prächtig sein, möchten sie gestützt werden. Klar, die Schönheit soll doch nicht im Dreck enden. Also doch nicht ganz so kompliziert. Väterliche Gelassenheit macht sich langsam in meinem Innern breit.

»Außerdem liebe ich Phlox. Der ist total bescheiden. Dieser Duft. Toll. Wenn ich da am frühen Morgen in meinem Garten vorbeilaufe, ist das wunderbar«, plaudert Carolin Reiber munter weiter. Und ich will von der Grande Dame der Volksmusik wissen: »Muss man den besonders pflegen?«

»Nein, den kann man einfach wachsen lassen. Allerdings sollte man das Verblühte abstreifen. Dann blüht er noch einmal.«

»Tatsächlich?«

»Aber ja. Das habe ich heuer das erste Mal festgestellt – muss ich zu meiner Schande gestehen. Da habe ich dieses ganze vertrocknete Zeugs einfach abgestreift, und darunter waren die neuen Triebe. Was habe ich mich gefreut.«

»Ich habe beim Nachbarn einen Phlox gesehen, der hatte so einen weißen Belag. Das sah nicht gut aus.«

»Ach, der Mehltau ...«

»Der ist doch nicht gut für die Pflanze, oder?«

»Der ist nichts Gescheites.«

»Also alles abschneiden und entsorgen?«

»Einfach in Ruhe lassen. Der ist ja nicht gefährlich. Das sind doch keine Läuse oder Schnecken. Das vergeht.«

Phlox soll in Kombination mit Rosen ganz wunderbar aussehen, habe ich mir sagen lassen. Blüht die Rose nicht, leuchtet der Phlox und umgekehrt. Die beiden arbeiten sozusagen im Schichtbetrieb. Das nenne ich Arbeitsteilung. Und er ist scheinbar einfach zu pflegen. Und wer will's schon kompliziert, wenn es auch einfach geht? Vielleicht hat die »Bambi«-Gewinnerin einen Vorschlag.

»Wenn Platz da ist, ist eine Bauernwiese das Schönste. So wie meine. Die mähe ich das erste Mal Anfang Juli, wenn meine Margeriten verblüht sind«, verrät Carolin Reiber. »Je nachdem, wann sie abgesamt haben. Und dann lasse ich das Ganze einfach wieder wachsen.«

»Die sieht immer toll aus?«

»Wenn man dann mäht, schaut der Rasen anschließend erst einmal nicht so schön aus. Aber das wird wieder. Wenn's zu hoch ist, muss ich mit der Sense ran. Das geht zwar ganz schön in die Arme, hält mich aber fit. Ansonsten reicht ein Rasenmäher. Aber ein ganz normaler, nicht diese computergesteuerten Dinger.«

»Diese Roboter sind mir auch ein wenig unheimlich.«

»Na ja, ich will ja sowieso keinen englischen Rasen.«

»Wieso denn nicht?«

»Weil ich ein Bauernhaus besitze. Und da passt das nicht und wäre auch nicht in meinem Sinn. Zudem ist es natürlicher und besser für die Tiere …«

»Das stimmt natürlich.«

»Und dann freuen sich alle über meine Margeritenwiese, weil die so schön ist. Aber bevor die Margeriten blühen, zeigen sich die Schlüsselblumen und Leberblümchen auf der Wiese von ihrer schönsten Seite. Dann blüht dort auch noch der Löwenzahn. Obwohl ich den nicht so sehr begrüße.«

»Warum mögen Sie keinen Löwenzahn?«

»Nee, der mit seinen Pusteblumen versaut mir ja alles und nimmt dann auch noch überhand. Der breitet sich aus und verdrängt die anderen schönen Blumen. Nein, den mag ich nicht. Mir sind die Margeriten lieber.«

Es klingelt an meiner Haustür. Es ist Konstantin. Komisch, normalerweise verzichtet er doch aufs Klingeln und stürmt lieber gleich ins Haus. Irgendetwas geht da vor. Mein Nachbar hält einen Karton im Arm und winkt. Ich soll nach vorne kommen, vors Haus. Jetzt. Sofort. Schnell. Okay. Da steht er nun und grinst. »Ich habe eine Überraschung für euch«, sagt er geheimnisvoll und hält mir den Karton hin. »Ach, die ist in dem Karton?«, frage ich skeptisch. »Also, falls das irgendetwas Illegales ist, will ich damit nichts zu tun haben.« Konstantin lacht. »Quatsch. Los, mach auf.«

In dem Karton liegen zwei wurzelnackte Rosen. Die sehen nach nix aus. Erdverschmiert, kurz gestutzt, keine Blätter. Schon gar keine Blüten. Schlimm. »Was soll das denn sein? Hast du die etwa auf dem Friedhof geklaut?«

»Blödmann. Die habe ich gerade beim Züchter gekauft. Das sind zwei Kletterrosen. Die kannst du hier vorne am Haus pflanzen.«

»Ach? Und die werden auch was?«

»Aber klar doch. Weißt du, wie die heißen?«

»Ne, woher denn?«

»Kir Royal.«

»Wie das Gesöff?«

»Nein, du Depp. Wie die TV-Serie. Stehst du auf der Leitung?« Aber natürlich. Das ist doch meine Lieblingsserie.

Immerhin lautet der Untertitel: Aus dem Leben eines Klatschreporters. Du schenkst mir also genau die richtige Pflanze. Ich habe schon darüber nachgedacht, sie mir selbst zu kaufen. Also: Wow! Danke!«

Mit der Serie hat Regisseur Helmut Dietl ein Meisterwerk geschaffen – finde ich. Der Münchner Klatschreporter Baby Schimmerlos ist täglich zusammen mit dem Fotografen Herbie Fried für die *Münchner Allgemeine* auf der Jagd nach schrillen Storys und heißen Gerüchten. Ganz so, wie ich es als Klatschreporter gemacht habe.

»Genau, und jetzt hast du die passenden Kletterrosen dazu. Die pflanzt du schön vorm Haus ein. Am besten rechts und links von den beiden Küchenfenstern.«

»Großartige Idee, danke Konstantin.«

Bevor die Rosen in die Erde kommen, müssen sie aber über Nacht ins Wasser. Das macht man so mit wurzelnackten Rosen, hat mir Konstantin erklärt. Dann wird das Loch ausgehoben, das so tief sein muss, dass die Wurzeln bequem hineinpassen und die Veredelungsstelle mindestens fünf Zentimeter in der Erde verschwindet. Aber das machen wir morgen. Jetzt stoße ich erst einmal mit Konstantin auf meine ersten Rosen an – natürlich mit einem »Kir Royal«.

10. Kapitel

Von Promis und vergessenen Gartenhäusern

Heute geht's dem Gartenhaus an den Kragen! Meins ist rot, mit einer weißen Tür und weißen Fensterrahmen. Das wird jetzt geputzt und ausgemistet. Das muss schließlich mal sein – habe ich mir sagen lassen. Die Fahrräder, die darin abgestellt wurden, sind bestimmt verstaubt, und die Regale verschwinden wohl längst hinter blickdichten Vorhängen aus Spinnweben. Daran, wie es den wenigen Gartengeräten geht, die ich besitze, möchte ich erst gar nicht denken. Ich hab den ganzen Kram einfach vernachlässigt.

Natürlich bin ich hin und wieder an dem Gartenhaus vorbeigekommen. Ist doch auch meins und steht auf meinem Grundstück. Nur gab es in den letzten Jahren keine Notwendigkeit, es zu betreten. Zum Radfahren hatte ich keine Zeit oder Lust, und um den Garten kümmerten sich andere. Zugegeben, ich hätte wenigstens mal einen Blick durchs Fenster werfen können, aber die Scheiben sind schon seit langer Zeit so matt, dass man drinnen ohnehin nichts erkennen kann. Und den Türschlüssel habe ich verlegt. So ist mein rotes Gartenhaus und alles, was sich darin befindet, über die Zeit in Vergessenheit geraten. Aber das wird sich nun ändern. Jetzt wird es geputzt, gefegt und gewienert.

»Das wird aber auch mal Zeit«, nuschelt Konstantin in den Becher, als wir vormittags auf den Stufen vor meiner Haustür sitzen und wieder einmal teetrinkend die Nachbarschaft beobachten. »Wer weiß, was sich da alles drin versteckt? Vielleicht findest du noch einen verschollenen Schatz.«

»Vielleicht. Ich hätte da längst mal reinschauen sollen. Aber es gab ja keinen Grund.«

»Warst du denn nie neugierig?«

»Nein, eigentlich nicht. Es steht doch auch eher abseits, hinter der Hecke. Da kam ich bisher nur selten hin.«

»Aber du hast es doch irgendwann einmal aufgebaut.«

»Ja, damals. Kurz nach dem Einzug ins Haus. Aber das ist ja nun auch schon mehr als zehn Jahre her.«

Als ich mich das letzte Mal für ein Gartenhaus interessierte, standen die schwedische Kronprinzessin Victoria und ihr Fitnesstrainer Daniel kurz vor dem Jawort. Damals reiste ich mit einem Fotografen nach Stockholm, um für eine Zeitschrift eine Reportage über die Hochzeitsvorbereitungen zu produzieren. Natürlich besuchten wir auch Schloss Haga, das künftige Zuhause des jungen Brautpaares. Da die Sicherheitsvorkehrungen damals noch ziemlich lasch waren, konnten wir ganz unbemerkt um das Schloss und durch den Garten schleichen. Dort stand es – das königliche Gartenhaus. Rote Wände, weiße Fenster, Schindeldach. Allerdings wirkte es mehr wie ein zu großes Puppenhaus als ein Gartenhaus.

Das königliche Gartenhaus auf Schloss Haga hatte ein ähnliches Schicksal erlitten wie meines: Es wurde über die Jahre schlicht vergessen. Verlassen stand es hinter hohen Büschen. Die Farbe blätterte, die weißen Fensterläden waren schmutzig, und drum herum wuchs das Unkraut. Als Kind hatte hier König Carl Gustav gespielt, dann starb der Vater, und der junge Kronprinz zog ins Stadtschloss nach Stockholm. Das kleine Gartenhaus geriet in Vergessenheit.

Mittlerweile ist es renoviert und wird von der kleinen Prinzessin Estelle als Spielhaus genutzt. Natürlich können jetzt auch keine Promi-Reporter mehr ums Schloss schleichen, so wie ich das mit meinem Fotografen getan hatte. Ganz unbeobachtet, total ungestört.

Nach den Geschehnissen vom 5. Juli 2014 änderte sich das. Damals versuchten bewaffnete Diebe im Schutz der Nacht ins Schloss einzudringen. Dafür kletterten die maskierten Männer einfach über den hohen Zaun. Aufgehalten wurden sie dabei merkwürdigerweise von niemandem. Ob es die Räuber allerdings bis ins Schloss geschafft haben, verriet der Hof selbst auf Nachfrage nicht. Zum Glück ist der Kronprinzessin und ihrer kleinen Familie nichts passiert. Sie waren zur Tatzeit im Urlaub. Dennoch saß der Schrecken natürlich tief. Nach diesem Furcht einflößenden Einbruchsversuch wurden die Sicherheitsvorkehrungen drastisch erhöht. So etwas darf nicht noch einmal passieren.

»Komm, langsam werde ich neugierig und will wissen, wie es in deinem Gartenhaus wirklich aussieht«, fordert mich Konstantin auf, nachdem er den letzten Schluck Tee aus der Tasse getrunken hat.

»Dafür müsste ich jetzt erst einmal wissen, wo der Schlüssel ist.«

»Wie? Du weißt nicht, wo der Schlüssel ist?«

»Ach, der liegt bestimmt in der Kommode im Flur. Oberste Schublade. Dort landen alle Schlüssel.«

»Na, dann aber los!«

Konstantins Wille ist mir natürlich Befehl. Was denn auch sonst? Also springen wir auf und entern die Diele. Mit voller Kraft in Richtung Kommode. Die Schublade klemmt. Es wird gerüttelt, geschüttelt und geflucht. Endlich! Sie lässt sich herausziehen, eigentlich ist es mehr ein Zerren. Aber das ist jetzt egal. Sie ist offen.

»Herrlich, was du alles so in deiner Kommodenschublade im Hausflur aufbewahrst«, lacht Konstantin und hält ein seidenes Kästchen mit japanischen Essstäbchen hoch.

»Vorsicht. Die waren ein Geschenk. Die Enden und Spitzen der Stäbchen sind aus Sterlingsilber.«

»Wer hat dir denn die vermacht?«

»Anno August Jagdfeld. Das ist der Immobilienunternehmer, der das Hotel Adlon am Brandenburger Tor hochgezogen hat.«

»Und was ist das hier?«, fragt Konstantin und hält eine Kette mit einem kleinen Bären hoch.

»Das hat mir die Designerin Jette Joop geschenkt. Die Halsketten hatte sie vor Jahren einmal zugunsten des Roten Kreuzes entworfen. Ich wusste gar nicht, dass ich die noch habe.«

»Ich glaube, der Schatz versteckt sich nicht im Gartenhaus, sondern hier in dieser Schublade. Was ist denn das für ein Füller?«

»Ein Weihnachtspräsent einer PR-Agentur. Die betreuen den Hersteller.«

»Und diese CD?«

»Hat mir Donna Karan vermacht. Eine amerikanische Modemacherin. Die war mal total hipp.«

»Und diese Tasche?«

»Stammt von einer Schiffstaufe.«

»Wo ist denn nun der Schlüssel?«

»Irgendwo in der Schublade. Er müsste an einem bunten Bändchen hängen.«

Konstantin wühlt sich durch die Kommodenschublade, als ob der Sommerschlussverkauf begonnen hätte. »Ich finde hier aber keinen Schlüssel.«

»Kann nicht sein. Guck mal da. Da liegt er doch.«

Jetzt kann es endlich losgehen mit dem Aufräumen und Ausmisten. Die Aktion »Gartenhaus« beginnt.

Vielleicht sollte ich es so machen wie der US-Rapper Snoop Dogg. Der hat sein Gartenhaus kurzerhand im Internet versteigert und sich dann ein neues bauen lassen. Vielleicht hatte auch er keine große Lust, die Hütte mal ordentlich zu putzen. Könnte man jedenfalls denken.

»Wie sieht das denn hier aus?«, fragt Konstantin kopfschüttelnd. Die Tür meines Gartenhauses steht offen.

»Nun übertreib mal nicht.«

»Guck dir das doch mal an.«

»Was meinst du im Speziellen?«

»Die Reifen der Fahrräder sind alle platt, das Pflanzenzeugs gehört längst auf den Sondermüll, und die Gartengeräte strotzen ja nur so vor Dreck. Der Spatenstiel ist gebrochen, und an der Schubkarre nagt der Rost.«

Ich bin jetzt ziemlich kleinlaut. Immerhin muss ich zugeben, dass Konstantin recht hat. Genügend Ausreden habe ich dennoch parat: Der Redaktionsstress, die vielen Dienstreisen, noch mehr Promi-Partys. Keine Zeit für das eigene Zuhause, noch weniger für die Liebe – und erst recht keine für das dämliche Gartenhaus. Kann doch bestimmt jeder verstehen.

»Viel Spaß beim Aufräumen und Putzen. Bin mal gespannt, ob du das heute noch fertig bekommst«, lästert Konstantin und geht.

»Wo willst du hin?«

»Nach Hause. Ich werde mich jetzt mal um mein eigenes Gartenhaus kümmern. Du hast mich gerade auf diese Idee gebracht.«

»Och, Mensch. Bleib doch! Hilf mir!«

»Nö, das mach mal schön alleine!«

Na gut, dann eben nicht. Ich schaffe das schon. Ärmel hochkrempeln, in die Hände spucken, und los geht's. Als Erstes müssen die Fahrräder raus. Die brauchen am meisten Platz. Während ich eins nach dem anderen nach draußen auf den Rasen schleppe, wandern meine Gedanken durch die Weltgeschichte und landen in England, ganz genau im großen Park von Windsor. Dort steht ein ganz besonderes, reetgedecktes Gartenhaus: das »Wendy House« von Queen Elizabeth. 1932 bekam sie dieses Kinder-Cottage zum sechsten Geburtstag geschenkt von ihren walisischen Untertanen.

Elizabeths Gartenhaus ist wirklich beeindruckend: Es besitzt eine funktionierende Küche, ein Wohnzimmer, ein Schlafzimmer und sogar ein Badezimmer mit fließendem heißen und kalten Wasser. Davon können andere Mädchen und Jungs nur träumen – und ich auch.

Damit's der späteren Königin mit ihrem kleinen Gartenpalast nicht zu langweilig wurde, gehörte sogar noch ein gut gefülltes Bücherregal und ein Mini-Radio zur Ausstattung. Die Waliser hatten sogar an ein Teeservice gedacht, damit die junge Elizabeth zu Tee-Partys einladen konnte. Zugegeben: So ein königliches Gartenhaus ist wohl eher nichts für meine vergessenen Gartengeräte.

Ich will nicht unnötig schwärmen, ich muss weiterschuften. Nach den Fahrrädern kommt nun das Regal an die Reihe. Alte Rasensamen, aufgequollener Rosendünger, Schnellkomposter, irgendwelche Reste von Rasenkalk. Unfassbar, was hier vor sich hin gammelt. Wer hat das eigentlich alles gekauft? Ich war's nicht. Jetzt kann es jedenfalls weg. Schade ums Geld.

»In meinem Garten am Genfersee steht auch so ein Holzhäuschen«, erzählte mir einmal Liselotte Pulver, als ich sie nach einer Preisverleihung interviewte. »Es steht auf halber Strecke zum See, ein kleiner Weg führt daran vorbei, bunte Blumen blühen drum herum. Das sieht ganz niedlich aus. Es ist so ein gemütliches Chalet, in dem auch immer Gäste übernachten.«

Vor Lilos Gartenhaus steht eine Bank, von der aus man einen wunderbaren Blick auf den See hat. Hier hat sie Tränen vergossen über den viel zu frühen Tod ihrer Tochter Melisande, hier betrauerte sie auch den Verlust ihres Mannes Helmut Schmid.

Mittlerweile lebt der Star aus Filmen wie »Ich denke oft an Piroschka« oder »Das Wirtshaus im Spessart« zwar in einem Berner Altersheim, ihr Anwesen am See besucht sie dennoch, so oft es ihr möglich ist. Und dann sitzt sie auch gerne vor dem Gartenhaus auf der Bank und genießt die impossante Aussicht auf den Genfersee. Auch Corinne, Lilos Schwester, schwärmt von diesem Häuschen im Garten. »Es ist so kuschelig da drinnen, richtig behaglich. Man fühlt sich wirklich gleich wie zu Hause und möchte am liebsten gar nicht mehr weg«, erzählt sie.

Eines ist damit sicher: Auch im Gartenhaus von Lilo Pulver werden keine dreckigen Gartengeräte achtlos in die Ecke gestellt, so wie in meinem. Da steht keine Schubkarre und rostet vor sich hin. Auch kein Dünger staubt sinnlos den Boden voll.

Wie gerne würde ich jetzt auf der Bank vor Liselotte Pulvers Gartenhaus sitzen und die Aussicht auf den malerischen Genfersee und die sich dahinter auftürmenden, majestätischen Schweizer Alpen genießen, denke ich so bei mir. Einfach nur dasitzen und gucken und träumen. Stattdessen liefere ich mir diesen Tanz durchs eigene Gartenhaus. Aber wie sagt man bei uns in Norddeutschland: Wat mutt, dat mutt. Und so ist es auch. Mittlerweile läuft mir der Schweiß in Sturzbächen den Rücken herunter, die Brille rutscht von der Nase, und die Haare stehen wirr vom Kopf. Immerhin: Ein Ende ist in Sicht. Jetzt müssen nur noch ein Sack Rhododendronerde, die alte Schubkarre und gefühlte zweihundert Meter Verlängerungskabel hinaus. Dann wäre der erste Teil geschafft. Pause. Endlich.

»Na, kommst du voran?«, fragt Konstantin mit einem frechen Grinsen im Gesicht. »Ich dachte, ich schau noch mal kurz vorbei, bevor ich nach Hamburg abdüse.«

»Jaja, es läuft. Ausgeräumt ist es schon, jetzt wird noch durchgefegt und die Regale abgewischt. Dann ist das Schlimmste geschafft.«

»Hast du dir schon überlegt, wie du da ein wenig mehr Ordnung hineinbekommst?«

»Vielleicht reichen schon ein paar Haken an der Wand, um Schläuche und Kabel aufzuhängen. Für die Leiter brauch ich auch was, damit die an die Wand kann.«

»Die Haken kann dann ja dein Mann anbringen. Der ist doch handwerklich begabt.«

Eine tolle Idee. Vier Hände schaffen ohnehin mehr. Vor allem, weil ich in dieser Beziehung nur über zwei linke verfüge. Im Baumarkt habe ich auch so dolle Wandhaken für Gartengeräte gesehen. Da hängt man den Spaten und die Grabegabel einfach hinein und fertig. Na ja, sauber und heil sollten sie vorher schon sein.

Ich brauche jetzt erst einmal ein Wasser und schlendere über den Rasen zur Terrasse und weiter in die Küche. Auf dem kurzen Weg wird mir klar, dass doch noch einiges zu tun ist, bis ich meinen Traumgarten mein Eigen nennen darf. Vor allem fehlt noch ein Highlight. Irgendetwas, für das mich später alle bewundern werden. Ich weiß nur noch nicht, was das sein könnte, und überlege, während ich mein Wasser mit Himbeersirup aufpeppe.

»Wir haben auch einen Teich mit Goldfischen, Schwertlilien, Seerosen in Pink und Altweiß – und einen von Bibern gefällten Baumstumpf am Teich liegen«, schwärmte Schlagerstar Andy Borg erst vor kurzem. »Das schaut total cool aus. Der Baum wurde natürlich nicht direkt im Garten umgelegt, wir haben ihn von einem benachbarten Fluss holen dürfen. Der ist wunderschön eingewachsen.«

Ein Gartenteich scheint mir jetzt allerdings ein wenig aufwendig. Vielleicht reicht es schon, wenn ich vor meinem Gartenhaus Hortensien pflanze – so, wie es Liselotte Pulver getan hat. Vielleicht stelle ich auch wie die Filmlegende eine Gartenbank davor. Eine in Weiß. Das würde doch zum roten Fassadenanstrich und den weißen Fensterrahmen passen. Oder ich setze dort Rosen. Schöne Kletterrosen.

»Wir haben auch eine Rosensorte in der Fassadenfarbe unseres Hauses gepflanzt. Meine Frau und ich lieben Erd- und Pastelltöne wie in der Toskana«, gab Andy Borg zu Protokoll.

Das ist schon eher mein Fall, aber ich könnte auch einen Kräutergarten davor pflanzen. So einen, wie man oft in alten Klöstern sieht. Kunstvoll eingefasst mit einer kleinen Buchsbaumhecke.

Andy Borg war das wohl zu viel Arbeit. Der Sänger gestand im Interview: »Einen Kräutergarten habe ich nicht, aber Schnittlauch, Basilikum und Petersilie, damit kochen wir gerne.«

So! Das Wasser ist ausgetrunken. Zurück zum Gartenhaus. Was man anfängt, soll man ja auch zu Ende bringen – sagte meine Mutter jedenfalls immer. Und wo sie recht hatte, hatte sie nun mal recht.

»Bei mir kommt alles, was mit Wasser zu tun hat in den Keller, zum Beispiel die Gartenschläuche und die Rasensprenger. Die könnten mir bei Frost doch sonst zu leicht kaputt gehen. Alles andere wird im Winter im Gartenhaus gelagert«, so der Volksmusikmoderator.

Den kaputten Spaten parke ich erst mal an der Seite. Vielleicht gibt's im Garten-Center dafür einen neuen Stiel. Ich werde demnächst mal nachfragen. Schaufel und Grabegabel werden ordentlich abgebürstet und sehen gleich wieder wie neu aus. Die stumpfen Rosenscheren können in den Müll. Wenn ich schon dabei bin, einen neuen Spatenstiel zu kaufen, dann kann ich mir auch gleich eine neue, hochwertige Rosenschere gönnen. Die abgelaufenen Pflanzenschutzmittel, der aufgequollene Kompostierer und der olle Dünger kommen ins Auto. Die fahre ich morgen zur Müllkippe, damit sie ordentlich entsorgt werden.

»Ich räume mein Gartenhaus immer zum Anfang der Saison auf. Zum einen ist das Wetter dann besser und schöner als im Herbst, darum macht es auch mehr Spaß, und zum anderen habe ich so den besseren Überblick. Dann weiß ich, was ich noch besorgen muss, bevor es wieder so richtig los geht, oder welches Gartengerät repariert werden muss. Ich mache das auch deswegen so, weil ich zum Winter längst nicht so ordentlich bin, wie sonst«, gesteht mir Andy Borg und erklärt schließlich noch: »Der Rasenmäher kommt vorm ersten Mähen zur Inspektion, die Gartengeräte werden immer gleich nach dem Einsatz sauber gemacht. In diesem Punkt bin ich penibel. Das hat sich bisher auch immer bezahlt gemacht.«

Das Gartenhaus ist fertig. Alles hat seinen Platz gefunden. Mittlerweile zieht die Sonne ums Haus in Richtung Westen. Der Nachmittag neigt sich dem Ende entgegen, der Abend kündigt sich an. Ich liebe diese Zeit. Die Amsel auf dem Dach des Nachbarn singt. Das macht sie an jedem frühen Abend. Und das ist einer der schönsten Gartenmomente, die es gibt. Da kann keine Promi-Party und keine große Kinopremiere mithalten. Kein Ball, kein Staatsbankett, keine fürstliche Hochzeit. Es ist ein Moment des Innehaltens. Gedankenverloren lausche ich der Musik und vergesse den Trubel um mich herum. Das hat etwas Andächtiges. Fast schon Sakrales.

»Das kennt auch Lilo«, erzählte mir Corinne Pulver. Auch ihre berühmte Schwester hat die Poesie des Gartens erfahren. »Wenn die Sonne hinter den Bergen so langsam verschwand und das Tal in ein goldenes Licht tauchte, dann sangen die Vögel in ihrem Garten das Abendlied – oft vom Dach des kleinen Chalets aus. Oder wenn im Frühling der Schnee im Garten taute und vorm Gartenhaus die ersten Krokusse blühten, dann war sofort Frühling in unseren Herzen.«

Darum ist auch für mich der Garten mittlerweile so

wichtig. Stecke ich mit den Händen tief in der Erde, hat das etwas Beruhigendes und Befreiendes. Es stimmt also, was mir Angelika Milster und all die anderen bisher beschrieben haben, oder ist das absurd?

Vielleicht. Vielleicht aber auch nicht. Wenn ich etwas im Garten pflanze oder mein kleines Gartenhaus aufräume und ausmiste, so, wie ich es gerade mache, schenkt mir das Kraft und einen Seelenfrieden, den ich als Klatschreporter nicht kannte. Wenn sich meine Lungen beim Umgraben der Beete mit frischer Frühlingsluft füllen, dann erwacht in mir wieder eine Lebensfreude, von der ich gar nicht mehr wusste, dass ich sie besitze.

»Auch im eigenen Garten braucht man einen Platz, der nur einem selbst gehört«, weiß auch Lieselotte Pulver. »Das kann auch ein Gartenhaus sein, in das man sich von der Welt zurück zieht.«

Und wie ich mein fertig aufgeräumtes Gartenhaus betrachte – die sauberen und ordentlichen Regale, die abgeschrubbten Gartengeräte und die Fenster, durch die man nun endlich wieder schauen kann – wundere ich mich doch ein wenig über mich selbst.

Wie kann es sein, dass mich plötzlich so ein aufgeräumtes Gartenhaus stolz und glücklich macht? Ich dachte doch immer, die großen Schlagzeilen, die exklusiven Storys, die tollsten Klatschgeschichten würden in mir genau diese Gefühle verursachen. Aber heute ist mein Highlight der neue Rasenmäher im ausgeräumten Gartenhaus. Und das ist auch gut so.

11. Kapitel

Veronica und die Welpen

Wir haben einen neuen Mitbewohner. Braune Knopfaugen, weiße Haare, vier Pfoten. Name: Bruno. Acht Wochen alt und Golden Retriever. Ich hatte mir schon lange einen Hund gewünscht. Jetzt ist er eingezogen. Neugierig tappst Bruno durchs Haus, kullert über den Rasen und schnüffelt sich durch die Beete. Klein, knuffig und zum Knutschen.

Bisher war ein Hund undenkbar als Familienmitglied. Wie hätte ich das organisieren sollen? Zugegeben, ich hätte es machen können wie einige Kolleginnen. Die bringen tatsächlich ihre Chihuahuas in der Handtasche mit zu Festen und Feiern. Wenn's drauf ankommt, werden die Tiere an der Garderobe abgegeben. Und fertig. Unglaublich, aber schon passiert. Einige Prominente maches es leider genauso oder zumindest ähnlich.

Top-Model Cara Delevingne kam mit ihrem Hund Leo zur Chanel-Haute-Couture-Show. Der Welpe saß zunächst mit Frauchen in der ersten Reihe, wurde dann aber zu Beginn der Modenschau aus dem Gebäude geführt. Ein Hund als Accessoire. Fürchterlich. Ähnlich hat es der britische Leinwand-Beau Tom Hardy gemacht. Er nahm seinen Mischling »Woody« einfach mit zur Kino-Premiere seines Films »Legend« in London. Die Fans kreischten vor Freude, die Fotografen hatten ein hübsches Motiv. Ich frage mich dagegen, ob das wirklich sein muss.

Eine Kollegin ließ gelegentlich ihre zwei weißen Schäferhunde durch die Redaktionsräume streunen. Immer dann, wenn der Dog-Sitter keine Zeit hatte oder zum Monatsende das Geld knapp wurde. Trotz ihrer Beteuerungen, die Hunde seien ganz lieb und würden wirklich, wirklich niemandem etwas antun, verharrten die Kollegen in Angststarre hinter ihren Schreibtischen. Auch das kam und kommt für mich nicht infrage.

Kurzum: Bisher war in meinem Leben kein Platz für einen Hund. Nun ist alles anders! Mittlerweile recherchiere ich nicht mehr in den vornehmen Salons und hacke anschließend hektisch meine Artikel in einen Computer, sondern wühle mich fröhlich durch meinen eigenen Garten, schnipple munter meine Rosen und genieße die frische Luft. Dabei kann mir mein Bruno natürlich wunderbar Gesellschaft leisten. Und Zeit, um zweimal am Tag mit ihm für eine Stunde durch den Wald zu spazieren, habe ich auch. Falls nicht, nehme ich sie mir einfach.

Aber so weit sind wir noch nicht. Noch ist Bruno ein schnuckeliger Welpe, der maximal dreißig Minuten Auslauf verträgt. Weder Knochen noch Gelenke sollen nämlich über Gebühr belastet werden. Es gilt, bleibende Schäden zu vermeiden. Aber er hat immerhin meinen Rasen und meine ersten selbst angelegten Beete. Platz genug also, um das junge Hundeleben zu genießen.

»Ich bin als Erstes in den nächsten Baumarkt und hab einen kleinen Maschendrahtzaun gekauft und das Grundstück eingezäunt, damit die Luna mir nicht davonläuft. Alle Schlupflöcher sind nun dicht. Da kann nix mehr passieren«, verrät mir Veronica Ferres. Wir treffen uns zufällig in München. Dort lebt diese großartige Schauspielerin im bunten Stadtteil Schwabing. So wie ich auch, als ich noch für die *Bunte* gearbeitet habe. Sofort kommen wir ins Gespräch.

Sie wurde mit so tollen Filmen wie »Das Superweib«, »Schtonk!«, »Rossini« oder »Unter deutschen Betten« zum deutschen Mega-Star. Veronica ist das, was man wohl ein Allround Talent nennt: Während sie erfolgreich ihre Karriere als Schauspielerin und Produzentin weiter vorantreibt, muss sie auch Job und Familie unter einen Hut bekommen. Immerhin ist Veronica Mutter einer Tochter, und ihr Liebster, TV-Löwe Carsten Maschmeyer, hat noch zwei Söhne mit in die Ehe gebracht. Und jetzt ist der Fernsehliebling auch noch Hundemutti.

Veronicas weiße Maltipoo-Dame Luna ist eine gewollte Mischung aus Malteser und Zwergpudel. Ein echter Designerhund. In den USA sind diese Fellnasen gerade groß in Mode. Die Tiere sind gelehrig, verspielt, treu und verlieren kaum Haare. Vor allem Letzteres weiß jede Hausfrau sicherlich zu schätzen.

Aber egal, ob nun Maltipoo oder Golden Retriever – der Garten muss auf alle Fälle sicher für die Welpen sein. Und dazu gehört auch, dass die Vierbeiner nicht einfach so durch die Hecke davonflitzen können und womöglich von einem der vorbeifahrenden Autos erfasst werden. Veronica hat schon daran gedacht. Ich noch nicht.

Immer wieder muss ich mich durch die Buchenhecke quetschen, um meinen kleinen Naseweis auf Nachbars Grundstück einzufangen. Das gibt Kratzer im Gesicht und auf den Armen. »Du solltest es wirklich so machen wie Veronica. Warte damit nicht zu lange, sonst ist Bruno eines Tages weg. Er wird ja auch älter und geschlechtsreif. Irgendwann ist eine Hündin im Dorf läufig. Da kann Bruno garantiert nicht widerstehen«, ermahnt mich Konstantin.

»Ich dachte bisher, die Hecke wäre dicht genug.«

»Nicht für den Welpen, und sie ist auch nichts für größere Hunde. Es gibt im Baumarkt übrigens günstigen, grünen Maschendraht. Den kannst du ganz easy in die Hecke setzen, dann fällt er gar nicht auf.«

Bruno schlüpft aber nicht nur gerne durch die Buchenhecke, er wühlt sich auch fleißig durch die Beete. Was ich gerade eingegraben habe, buddelt er mit großem Engagement wieder aus. »Macht die Luna das auch?«, möchte ich von Veronica Ferres wissen. Zurück in meinem Garten, lasse ich unser Gespräch Revue passieren

»Hin und wieder erwische ich sie dabei. Dann hat sie ein ganz schlechtes Gewissen, weil sie weiß, dass sie das nicht darf. Aber ich habe jetzt nicht auch noch die Beete eingezäunt, damit die Blumen vor ihr sicher sind«, gesteht die prominente Hundemutti und lacht.

Natürlich verstecken sich überall im Garten Verletzungsgefahren für einen Welpen, werde ich aufgeklärt. Vor allem Rosen- und Baumschnitt sollten fix beseitigt werden. Keine Stacheln und Dornen, Äste oder Zweige dürfen zurückbleiben. Ganz wichtig: Ich muss darauf achten, dass die Gartengeräte sicher gelagert werden und dass selbst während der Gartenarbeit keine Harke auf dem Boden liegt. Besser ist es, wenn sie aufrecht am Haus lehnt, mit den Zinken zur Wand. Gedüngt wird nun nur noch mit Komposterde – auf Hornspäne und Kunstdünger muss ich komplett verzichten. Neugierige Welpen fressen eben alles. Auch den Dünger. So fix, wie das bei denen geht, kann man gar nicht gucken. Chemikalien haben also ab sofort nichts mehr in meinem Garten zu suchen. Viel zu gefährlich.

»Bisher habe ich die Schnecken mit der klassischen Bierfalle gefangen. Aber so eine Alkoholpfütze im Garten ist ja nichts für junge Hunde, habe ich mir sagen lassen. Und Schneckenkorn ist auch keine Lösung, oder?«

»Nein, das ist mir ebenfalls zu gefährlich.«, erklärt Veronica mit ernster Stimme. »Das freut jetzt natürlich die Schnecken, denn die können nun wirklich nahezu ungestört an den Hortensien knabbern.«

»Und wie kann ich meine Pflanzen nun in Zukunft vor denen schützen?«

»Ich schaffe das alles ganz organisch und sammele die Viecher lieber ein. Dafür kriechen die Schnecken dann gerne mal über den Gehweg am Haus. Das ist zwar eklig, aber dann nicht so schlimm.«

Bruno tobt auf dem Rasen. Erst kullert er durchs Gras, jetzt jagt er einen Schmetterling. Niedlich. Da läuft das Herz des Hundepapas vor Freude über. Kaum ist der Schmetterling davongeflattert, macht Bruno einen Haufen. Natürlich mitten auf den Rasen. Ich nehme die Schaufel und entsorge Brunos Hinterlassenschaft in der Mülltonne. Das will schließlich keiner an den Schuhen haben.

Irgendwer hat mir einmal erzählt, dass Hunde ihr Revier zwar markieren, aber ansonsten sauber halten. Für Bruno scheint das noch nicht zu gelten. Mein Garten wird gerade zum Hundeklo. Der Dicke pischert hin, wo er mag – immerhin nicht mehr ins Haus. Da meldet er sich rechtzeitig, auch nachts, und ich kann ihn fix hinauslassen.

Aber der Rasen hat gelitten. Wie an einer Perlenschnur aufgereiht, liegen die gelben Grasflecken nebeneinander. Angeblich hilft Nachspülen mit reichlich Wasser aus dem Gartenschlauch. Das soll die Harnsäure verdünnen.

»Na ja, anfangs bin ich ja auch immer mit einer Handvoll Rasensamen und einer Gießkanne hinter Luna hergelaufen«, erklärt Veronica lachend. »Dort, wo sie hingepieselt hat, habe ich dann den Rasen ordentlich gegossen. Ich glaube, das hat ihm sehr geholfen.«

»Immer und sofort? Ich würde ja irre werden …«

»Ach, ich war da nicht so panisch. Manchmal hab ich das dann auch nur ein oder zwei Mal die Woche gemacht. Dem Rasen geht's übrigens gut.«

»Aber es muss doch noch andere Mittel und Wege geben.«

»Klar, die Welpenschule. Dort kannst du deinem Hund mit einfachen Übungen beibringen, dass er sich nur an einem Flecken im Garten erleichtern darf. Natürlich muss man das regelmäßig zu Hause üben. Wir haben das gemacht, und es funktioniert super.«

Stimmt. Die Welpenschule. Davon habe ich auch schon gehört. So etwas bietet der Hundeverein in meinem Dorf an. Allerdings ist der Ruf nicht ganz so gut, wie man sich das wünschen würde. Aber ich werde mich selbst überzeugen. So schlecht, wie die Leute behaupten, kann es dort doch gar nicht sein. (Rückblickend kann ich sagen: Die Welpenschule ist völlig okay. Bruno hatte dort jedenfalls über einige Monate seine Freude und vergnügte sich zwei Mal die Woche lustig mit anderen Fellnasen.)

Aber jetzt ist er noch nicht so weit. Nun bleibt er erst einmal im Garten.

Während ich die Terrasse abfege und Bruno unterm

Gartentisch in aller Seelenruhe an seinem Kauknochen knabbert, plaudere ich weiter mit La Ferres. Sie ist als Tochter eines Kartoffelhändlers aufgewachsen, wurde von ihren Mitschülern gemobbt und später von den Schauspielschulen abgewiesen. Aber sie hat sich tapfer durchs Leben gebissen und niemals den Glauben an sich selbst und an ihr Ziel aus den Augen verloren. Jetzt ist sie ein Top-Star – glamourös, aber bodenständig.

»Du bist auf dem Land groß geworden. Deine Eltern hatten bestimmt auch einen eigenen Garten, oder?«, frage ich neugierig.

»Aber klar doch. Mein Vater war ein genialer Gärtner. Einer mit Herz und Seele. Der Garten war sein Ein und Alles. Mit ihm hat er uns ein richtiges Paradies geschaffen.«

»Hast du ihm bei der Gartenarbeit geholfen?«

»Ich musste. Manchmal hab ich es auch nur widerwillig getan. Als Teenager hat man doch eher andere Dinge im Kopf. Dennoch sind es wirklich schöne Erinnerungen.«

»Ja?«

»Ja, darum habe ich in meinem Garten eine Brombeer- und eine Himbeerhecke und ein kleines Kartoffelbeet. Meine Eltern sind ja nun seit einiger Zeit nicht mehr. Aber diese Pflanzen im Garten halten die Erinnerung wach.«

Auf dem Rasen landet eine Amsel. Sie pickt sich seelenruhig durchs Gras. Bruno sieht sie, und plötzlich ist ihm der Kauknochen ziemlich wurscht. Der Vogel ist doch viel interessanter. Schon tappst mein Goldie wedelnd los. Dabei wackelt sein dicker Popo hin und her, und die Öhrchen wippen im Takt dazu.

Natürlich ist der kleine Bruno keine wirkliche Bedrohung für die flinke Amsel. Der Vogel scheint sogar seinen Spaß mit meinem kleinen Hund zu haben: Er bleibt stehen, völlig starr, und lässt meinen Bruno immer näher an sich heran. Der schnuppert. Setzt langsam Pfote vor Pfote und setzt zum Sprung an. Die Amsel hüpft unbeeindruckt ein, zwei, drei Mal zur Seite und fliegt schließlich gelangweilt davon. Bruno bleibt ratlos zurück.

Brunos Enttäuschung über den entgangenen Fang dauert nicht lange an, denn jetzt raschelt es im Beet. Schon tappst er weiter, während ich Veronica frage: »Gibt's Gartenarbeiten, die du gar nicht magst?«

»Eindeutig das Unkrautzupfen. Ich setze im Herbst gerne alle meine Blumenzwiebeln, kümmere mich um meine Hortensien und die Rosen. Ich mähe auch den Rasen. Aber Unkrautzupfen mag ich überhaupt nicht.«

»Was machst du als erfahrene Gärtnerin, wenn eine deiner Pflanzen kränkelt?«

»Zuerst wird gegoogelt. Zum Beispiel: Meine Rosen haben gelbe Blätter oder es sind Parasiten im Buchsbaum. Wenn ich dann noch immer nicht weiß, was ich machen muss, wird das Elend fotografiert, und ab geht's in die Gärtnerei. Dort zeige ich die Fotos, und die wissen dann immer, was zu tun ist. So war es auch beim Buchsbaum. Als mein Buchs diesen Parasiten hatte, bekam ich dort ein ökologisch abbaubares Mittelchen, das wirklich geholfen hat. Heute geht's dem Buchs wieder prächtig.«

Da Bruno jetzt schon wieder Kurs auf die Hecke nimmt, höre ich nur mit einem halben Ohr hin. Mal sehen, ob er wieder zu den Nachbarn entwischt oder ob der Lütte begriffen hat, dass er das nicht darf. Er schnüffelt an den neuen Hortensien. Meine neuen Lieblingspflanzen. Lässt sie schließlich links liegen und tapst weiter in Richtung Hecke. Als ob ich es nicht geahnt hätte. Mal sehen, wohin die Reise geht. »Magst du Hortensien auch so gerne?«

»Ich liebe Hortensien«, antwortet die Schauspielerin. »Diese kugeligen, rosafarbenen Blüten, das saftige Grün. Hortensien blühen vom späten Frühling bis in den Herbst. Für mich stehen diese wunderbaren Pflanzen für die schönste Zeit des Jahres. Mit ihnen verbinde ich ein ganz bestimmtes Lebensgefühl. Nachmittage mit Freunden auf der Terrasse, Abende am Grill und Sterne gucken in lauen Sommernächten. Schön.«

»Das klingt sehr romantisch …«

»In meinem Garten blühen übrigens keine orangenen, roten oder gelben Blumen. Ich mag das nicht. Ich liebe dagegen Fliederfarben, Rosa, Blau oder Weiß. Das sind für mich die Farben des Südens. Die haben etwas Südfranzösisches. Das liegt mir näher.«

Und? Zack! Schon ist der kleine Bruno wieder ab durch die verdammte Hecke. Ich lasse den Besen fallen, lege das Handy kurz auf den Tisch und quetsche mich fix durch die Buchen. Natürlich gibt's wieder Kratzer. Bruno ist das egal, ich werde sauer. Der Kleine schnüffelt munter die Auffahrt des Nachbarn runter. Ich kann noch so laut nach ihm rufen – Reaktion gleich null. Er ignoriert mich ganz einfach. Alles andere ist jetzt spannender. Es gibt schließlich eine ganze Welt zu erforschen. Die jenseits dieser blöden Buchenhecke.

Ich schnappe mir meinen Kleinen, nehme ihn auf den Arm, und zurück geht's durch die vermaledeite Hecke. Schon wieder. Für die Pflanzen kann das auf Dauer auch nicht gut sein. Natürlich hätte ich auch drum herumgehen können, aber das war nun einmal der kürzeste Weg.

Veronica hat recht. Ein Zaun muss her und zwar ganz fix. So geht das nicht weiter. Jetzt ziehe ich Bruno aber erst einmal sein Welpengeschirr an und lege ihn an die Leine. Es ist allerdings eine sehr lange Leine. Ganze fünfzehn Meter. So kann er weiter über den Rasen tollen, aber nicht abhauen – und ich kann mir wieder das Gespräch mit Veronica ins Gedächtnis rufen.

»Welche Pflanzen blühen denn in diesen wunderbaren Farben in deinem Garten?«

»Natürlich auch meine Rosen. Vor zehn Jahren habe ich einen rosafarbenen Rosenstock gepflanzt. Er wächst neben unserer Terrassentür die Wand hinauf. Der ist heute so unglaublich groß und schön. Ich habe wohl genau den richtigen Platz für ihn ausgesucht. Natürlich wird er auch noch zwei Mal im Jahr gedüngt. Das dankt er dann mit seinen zauberhaften Blüten.«

»Ein herrlicher Garten. Du scheinst einen grünen Daumen zu haben.«

»Ich habe sogar einen echten Rebstock gepflanzt und kann meine eigenen Weintrauben ernten. Die schmecken klasse. Ich wollte doch schon immer meinen eigenen Wein anbauen. Das war so eine Idee von mir. Schließlich bekam ich so einen Rebstock geschenkt. Der wächst jetzt hier in der prallen Sonne und lässt es sich gut gehen. Ich finde es wunderbar, wie der auch über das Jahr sein Laub verändert. An ihm kann man regelrecht die Jahreszeiten ablesen.«

Bruno schläft unterm Terrassentisch. Endlich. Ich schleiche in die Küche und hole den frischen Kaffee hinaus. Zurück am Tisch, mache ich mir Gedanken über meine nachbarschaftlichen Beziehungen. Ein kleiner Hund kann die schon ganz schön belasten.

Nicht mit jedem bin ich gut Freund. Mit der Familie rechts und der Familie links verstehe ich mich blendend, auch mit den Nachbarn gegenüber. Aber mit denen hinter uns, ist es eher schwierig. Da halten sich die Sympathien in Grenzen. Und das beruht auf Gegenseitigkeit. Wir grüßen uns. Ja. Mehr aber nicht. Doch ausgerechnet auf das Grundstück dieser Nachbarn, entwischt Bruno nur zu gerne.

»Ärger mit dem Nachbarn? Das muss doch nicht sein. Warum denn auch?«, erklärt mir Veronica mit fester Stimme damals in München und erzählte: »Meine Nachbarn baten mich vor Kurzem, unsere Thujenhecke ein wenig runterzuschneiden, weil sie ihnen die Sonne nimmt. Es ging um fünfzig Zentimeter.«

»Und? was hast du gemacht?«

»Natürlich habe ich das ganz fix erledigt. Was habe ich denn auch davon, wenn meine Nachbarn keine Sonne im Garten haben und deswegen unleidlich werden und das unser bisher gutes Zusammenleben belastet? Nein, das muss wirklich nicht sein.«

»Wenn das doch nur immer so einfach wäre…«

»Ich finde, wir sollten alle Rücksicht aufeinander nehmen. Eine gute Nachbarschaft ist immerhin sehr, sehr wichtig.«

Wo sie recht hat, hat sie recht. Bruno wacht auf und tapst ins Haus. Angestrengt schleppt er die Leine hinter sich her. Der Dicke hat Durst. Ich räume den Terrassentisch ab und folge meiner Fellnase. Eines ist jedenfalls klar: Im Garten muss noch einiges passieren, damit er wirklich welpensicher ist und ich Bruno dort unbesorgt laufen lassen kann. Aber morgen ist ja auch noch ein Tag.

12. Kapitel

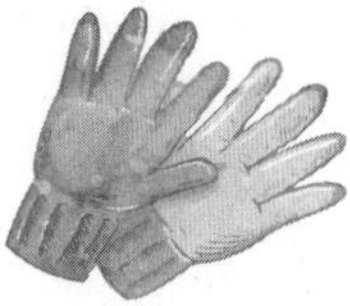

Jetzt geht's der Hecke an den Kragen

Mittlerweile ist sie mehr als zwei Meter hoch. Nach neuesten Messungen ganz genau zweihundertdreißig Zentimeter. Es ist also eindeutig: Meine Hecke wächst mir über den Kopf. Da muss etwas passieren. Dringend.

Wenn ich mir die Hecken meiner Nachbarn anschaue, keimt in mir der Neid. Manche sind dauergrün und in Top-Form, andere blühen wenigstens und wirken verwegen struwwelig. Meine dagegen sieht nur vernachlässigt aus – finde ich. Und es stimmt. Um die Hecke habe ich mich genauso wenig gekümmert wie lange Zeit um den Rest des Gartens. Aber auch das wird sich jetzt ändern.

Klar, sie müsste mal ordentlich beschnitten werden. Aber womit? Und wie macht man's richtig? Mit kritischem Blick schreite ich die achtunddreißig Meter grüne Wand ab. Mit jedem Schritt wächst die Gewissheit: Da muss Kontur rein, das kann gekürzt werden, das soll wieder gepflegt aussehen.

Meine Hecke ist aus Rotbuchen. Als ich die damals beim Gärtner bestellte, wurde sie mit den schönsten Worten angepriesen. Ich gebe zu: Für die Grünzeugwerbung des Verkäufers hatte ich nur ein halbes Ohr. Viel mehr war ich mit den Gedanken in der Redaktion. Ich musste doch dringend ein geführtes Interview abtippen, zur Freigabe schicken und schließlich für die Zeitschrift, bei der ich gerade angestellt war, in eine Fassung bringen. So, dass man es veröffentlichen konnte. Außerdem stand der Deutsche Filmball kurz bevor. Kein Wunder also, dass ich auch in diesem Moment gedanklich mehr hinterm Schreibtisch saß als in meinem Garten – geschweige denn in der Gärtnerei. Dennoch gab sich der Gärtner redlich Mühe.

Mir wurden verschiedene Stängel mit zwei oder drei, vielleicht auch vier Blättern daran, präsentiert. Die sahen wirklich nach nix aus. Das wird keine Hecke. Niemals. Da war ich mir sicher. Dann wurde ich zu Tannenbüschen geführt. Ich glaube, es handelte sich um Thujen oder Lebensbäume oder so etwas. Die wollte ich nicht. Die rochen irgendwie nach Friedhof. Nix für mich. Also zurück zu den Buchen.

Mit Hecken ist das ja so eine Sache. Fußball-Weltmeister Paul Breitner ließ sich um sein Grundstück in der Nähe von München eine Thujen-Hecke setzen. Sie sollte seine Privatsphäre schützen. Der Bebauungsplan erlaubte das allerdings nicht. Breitner war das wohl egal.

Manche Gemeinden setzen den Eigentümern tatsächlich sehr enge Grenzen bei der Gestaltung ihrer Häuser und Grundstücke. Ich kenne das nur zu gut: In dem Bebauungsplan für mein kleines Stück Bauland hatte die Gemeinde nicht nur festgeschrieben, wie groß und hoch mein Haus maximal werden darf, sondern auch, welche Obstbäume ich pflanzen sollte und wie viele ich davon zu setzen hatte. Ich habe mich strikt daran gehalten, andere haben allerdings nur gepflanzt, was ihnen gefällt.

In einigen Landstrichen wird strenger auf die Einhaltung der Vorgaben im Bebauungsplan geachtet als in anderen. Für Paul Breitner gab's jedenfalls Zoff mit der Gemeinde. Sogar der Bürgermeister schaltete sich ein und wurde beim Fußballweltmeister von 1974 vorstellig. Der Politiker verlangte dann auch gleich, dass die Pflanzen wieder entfernt werden. Breitner weigerte sich. Schließlich ging der Streit ums Grün bis zur Kreisbehörde. Ergebnis: Die Hecke wurde vorerst geduldet.

Auch die Hecke von J. K. Rowling macht Ärger. Die Leyland-Zypressen der »Harry Potter«-Erfinderin sind zehn Meter hoch und gleichen einer Festungsmauer. Es dauert immer mehrere Tage, bis die Monsterhecke der Autorin in Form geschnitten ist – und das führt regelmäßig zu einem Chaos in ihrer Nachbarschaft, denn die Fahrzeuge der Gärtner blockieren tagelang die Straße. Kein Wunder, denn allein mit einer Heckenschere bewaffnet, kommt man bei den Zypressen nicht weit. Für die Heckenpflege kommt ein Baulift zum Einsatz, der eine Straßenseite komplett blockiert.

Mir blieb so ein Heckenärger mit den Nachbarn bisher erspart. Zum Glück.

»Wir haben eine immergrüne Ligusterhecke. Die ist zum Glück immer blickdicht und schafft so Privatsphäre. Und die ist mir wichtig. Ich genieße das«, erzählt TV-Liebling Saskia Vester, während sie durch den Garten schlendert. Schon früher hatte mir der TV-Star von seiner Leidenschaft für den eigenen Garten berichtet. Das fiel mir wieder ein. Saskias Art und Weise, sich um ihn zu kümmern, hat etwas Hemdsärmeliges, etwas Zupackendes. Das gefällt mir sehr. Kein Wunder, dass ich gleich die erstbeste Gelegenheit nutze, um mir bei ihr Tipps abzuholen.

»Und wie schneidet man die Hecke? Einfach zack und drauflos?«

»Ich mache da jetzt nichts mit Seil und Waage, sondern eher alles Pi mal Daumen. Manchmal ist sie ganz akkurat, manchmal hat sie aber auch so eine kleine Kurve drin. Macht aber nichts. Zuerst geht's rauf auf die Leiter, und oben wird alles geschnitten, dann geht's wieder runter, und die Seiten kommen dran.«

»Also eher nach Bauchgefühl?«

»Ich bemühe mich schon um eine gewisse Akkuratesse. Manchmal gelingt mir das, aber eben nicht immer.«

Ich nippe nachdenklich am Teebecher, während ein Zweig Heckengrün durch meine Hand gleitet. Gute Tipps zur Pflege wären jetzt schon toll. Und Saskia Vester kann sie mir geben. Da bin ich mir sicher. Sie ist nämlich nicht nur eine der beliebtesten und erfolgreichsten Schauspielerinnen im deutschen Fernsehen und ein Star ganz ohne Allüren, sondern auch eine begeisterte Hobbygärtnerin. In ihrem knapp neunhundert Quadratmeter großen Garten in der Nähe von München legt sie selber Hand an, schreckt dabei auch nicht vor schwerem Gerät zurück. Saskia Vester vertikutiert, mäht den Rasen oder schneidet mit der Heckenschere auch ihren riesigen Bauernjasmin zurecht.

»Macht dir das am meisten Spaß im Garten – den Rasen mähen und die Hecke schneiden?«

»Ja! Definitiv. Das mag auch daran liegen, dass ich ein ungeduldiger Mensch bin. Es dauert ja immer alles so wahnsinnig lang. Man pflanzt die Gewächse, düngt sie, und dann heißt es warten, bis da mal was passiert. Beim Rasenmähen und Heckeschneiden hast du aber gleich ein Ergebnis. Dann sehe ich doch ziemlich fix, was ich geschafft hab. Außerdem bin ich sehr geräteaffin.«

»Hast du alle Geräte selbst gekauft und ausgesucht?«

»Das jetzt nicht. Den Rasenmäher zum Beispiel haben wir vom Vorbesitzer des Hauses übernommen. Ich mag einfach Gerätschaften. Wenn die gut funktionieren, gefällt mir das. Egal, ob Rasenmäher, Heckenschere oder Staubsauger.«

Eine Hecke wird übrigens ganz fix zur Mietskaserne fürs Federvieh – merke ich. Es piept und raschelt. Es wird eingezogen und ausgezogen, angeflogen und abgeflogen. Herrlich, was da los ist. Den Untermietern soll es doch gut gehen. Klar, dass ich den TV-Star nun erst einmal frage: »Darf ich eine Hecke zu jeder Jahrszeit schneiden?«

»Nein. Es gibt Zeiten, in denen man sie in Ruhe lassen muss. In der Hauptsache während der Brut- und Nistzeit. Ein richtiger Rückschnitt steht dann sogar unter Strafe. Das kann wirklich teuer werden. Ein Formschnitt ist zwar erlaubt, muss aber auch nicht unbedingt sein.«

»Und woher weiß ich, dass es sich gerade ein paar Piepmätze in meiner Hecke gemütlich gemacht haben?«

»Ich habe von einem Gärtner gelernt, dass ich auf alle Fälle erst einmal in die Hecke schauen soll, ob dort jemand nistet. Nur wenn die Hecke nestfrei ist, darf ich die Heckenschere ansetzen. Ansonsten würde ich die Eltern verschrecken und die Küken zu Waisen machen, die dann natürlich über kurz oder lang sterben. Und das will ja keiner.«

»Klingt vernünftig. Oft sind die einfachsten Ratschläge doch die besten …«

Die Hecke sollte immer in Trapezform geschnitten werden, erklärte mir einer meiner Nachbarn, als ich ihn fragte, wie man es denn richtig macht. Unten müsste sie also breiter sein als oben. Nur so kann das Sonnenlicht überall hinkommen. Mache ich das nicht, besteht die Gefahr, dass meine Rotbuchen untenrum verkahlen, ihnen also die Blätter ausfallen. Bevor aber überhaupt etwas passiert, brauche ich erst einmal eine vernünftige Heckenschere. Aber welche ist die richtige? Eine mit Benzinmotor, eine elektrische oder doch lieber eine mit Akku?

»Ich würde auf alle Fälle eine Heckenschere mit Akku kaufen. Mit so einer hast du am meisten Bewegungsfreiheit. Bei den elektrischen Heckenschere ist doch immer das Kabel im Weg oder der Stecker fliegt raus. Das nervt total. Und die mit Benzinmotor müffeln immer ein wenig«, erklärt mir Saskia

»Man muss ja nicht immer gleich mit der Schere alles in Form schnippeln – stimmt's?«, frage ich sie.

»Ja, klar. Wozu auch? Aber es gibt da so ein paar Dinge bei mir im Garten, die müssen schön gepflegt und in Form geschnitten sein. Wir haben zum Beispiel neben der Bank einen Liguster stehen, als Solitärpflanze. Den habe ich mit meiner Heckenschere so geschnitten, dass er jetzt die Form einer Zypresse hat. Das sieht super aus.«

»Ein verzaubertes Plätzchen im Garten – so etwas ist traumhaft schön.«

»Und ob! Ich liebe diesen Blick von der Terrasse auf diese Holzbank. Irgendwo habe ich mal gelesen, dass an solchen Objekten das Auge verweilt und Entspannung findet. Deswegen stehen diese Bänke auch in den Parks und Schlossgärten, obwohl da meist niemand drauf sitzt.

Man ruht dann schon, wenn man nur drauf schaut. So ist das auch mit meiner Bank. Daneben steht noch so ein schickes Vogelbecken aus Stein und eben der Liguster.«

»So etwas würde mir auch gefallen. Wie bist du denn auf diese Idee gekommen?«

»Wir hatten noch diese Bank übrig, und in Italien habe ich das Vogelbecken entdeckt. Bei dem dachte ich, das muss ich unbedingt haben. Also hab ich es mitgenommen.«

Ich trinke den Tee aus, setze mich ins Auto und juckele wieder einmal ins Garten-Center. Die Hecke könnte zwar noch ein wenig warten, aber man muss es ja nicht unbedingt auf die lange Bank schieben. Außerdem braucht sie dringend einen ordentlichen Faconschnitt. Ich will mich schließlich nicht andauernd dafür schämen.

Im Garten-Center angekommen, schlendere ich die Regale entlang. Auch wenn es nicht mein erster Besuch hier ist, das Angebot begeistert mich noch immer. Egal, ob es der bunte Deko-Kram ist oder die edlen Pflanzkübel, die exotischen Büsche oder die fröhlichen Topfpflanzen. Allein die Menge an angebotenen Rosenscheren beeindruckt mich: Es gibt welche für Linkshänder, Scheren aus der Schweiz oder aus England, teuer oder günstig. In der Geräteabteilung sieht es nicht anders aus. Rasenmäher stehen neben Häckslern, dahinter die Vertikutierer und schließlich die Heckenscheren.

Hier gibt's doch tatsächlich für jede Gelegenheit das richtige Werkzeug: handliche Heckenscheren, um den Buchsbaum zu stutzen, oder welche mit Teleskop-Arm für die höheren Pflanzen. Und sie sehen alle schick aus. Tolle Farben, elegantes Design, polierter Stahl.

»Nimm am besten eine mit Akku.« Konstantin tippt

mir von hinten auf die Schulter. Ich zucke zusammen. Das gibt's doch nicht. Was erschreckt der mich so?

»Du hier?«

»Der Rasenmäher musste zur Inspektion.«

»Na, welche soll ich denn nun nehmen«, frage ich und deute auf die beiden Heckenscheren, die für mich infrage kommen.

»Egal, sind beide gut. Mit einer Heckenschere mit Akku bist du freier in der Bewegung, kannst nicht über ein dämliches Kabel stolpern und bist einfach unabhängiger, weil keine Steckdose in der Nähe sein muss.«

»Super. Dazu hatte mir Saskia Vester ebenfalls geraten. Das Ding ist gekauft.«

Wir verabreden uns noch auf einen Tee am späten Nachmittag, dann schlendert Konstantin weiter zur Service-Station des Garten-Centers. Mich zieht's jetzt zur Kasse. Schließlich würde ich gern heute noch loslegen und wenigstens eine Grundstücksseite bearbeiten wollen. Also geht es nach dem Bezahlen ganz fix wieder nach Hause.

Wieder im Garten, wird ausgepackt. Da liegt es nun auf dem Terrassentisch, mein neues Prachtstück. Schnittig, schick und scharf. Nur funktioniert die Heckenschere noch nicht – der Akku muss aufgeladen werden. Blöd. Das Ladegerät kommt an die Außensteckdose, ich propfe den Akku hinein, und schon schnurrt das Ding. Während ich den Wasserkocher anschalte, denke ich über mein Gespräch mit Saskia Vester nach. Auch hier habe ich angemerkt, dass ein Garten seine Besitzer immer wieder glücklich macht.

Und jeder scheint in seinem Garten einen Lieblingsplatz zu haben – für Saskia ist es die eigene Terrasse.

Lachend hat sie mir dieses Plätzchen im Garten beschrieben: »Wir haben eine Pergola. Da wächst Wein drüber und Blauregen, der aber nie blüht. Und keiner weiß, warum. Aber dort unter der Pergola ist es richtig schön, so angenehm. Gerade während des heißen Sommers.«

»Wein lockt aber auch Wespen an…«

»Wir hatten in diesem Jahr zwar Wespen, aber nicht auf der Terrasse. Die tummelten sich lieber im Planschbecken für die Enkelkinder. Die hatten einfach Durst. Kein Wunder bei der Hitze. Wir haben das Wasser aus dem Planschbecken allerdings rausgelassen, die Terrasse mit Dampf abgestrahlt, und dann waren die Wespen weg.«

Ich schaue nach dem Ladegerät. Läuft. Dauert noch. Mindestens eine halbe Stunde. Während ich die Tasse, das Stövchen, den Kluntje und die Kekse aufs Tablett postiere, stelle ich in Gedanken noch einmal meine Fragen an die liebenswerte Schauspielerin: »Noch gefährlicher wird's, wenn die Wespen ein Nest am Haus oder der Terrasse bauen. Schon erlebt?«

»Das hatten wir, als die Kinder noch klein waren. Ich habe damals bestimmt tausend Firmen angerufen, um zu erfahren, welche davon die Wespen umsiedeln kann. Ich habe leider keine gefunden. Weil mir das aber echt zu heikel wurde, hab ich das Nest dennoch entfernen lassen. Irgendwo hinten im Garten wären mir die Tiere und ihr Bau egal gewesen, aber nicht direkt an der Terrasse. Da hatte ich zu viel Angst. Ich glaube, das kann jeder, der Kinder hat, nachvollziehen.«

Der Tee ist zwar fertig, der Akku aber immer noch nicht voll. Macht nichts, ich genieße jetzt erst einmal meinen Ostfriesentee, und während der Kluntje im heißen Tee knackt, frage ich noch einmal: »Aber die Wespen sind doch bestimmt nicht die einzigen Tiere, die sich bei dir im Garten tummeln, oder?«

»Wir haben Igel im Garten. Ein Pärchen sogar. Einen dicken, großen und einen kleineren. Die latschen hier immer mal wieder über den Rasen. Die beiden leben im Gebüsch und fühlen sich hier anscheinend sauwohl. Um die muss ich mich auch nicht weiter kümmern. Die sind uns bestimmt so treu, weil das hier der perfekte Igelgarten ist – hier gibt's Fallobst ohne Ende, wir lassen sie in Ruhe, und unter der Hecke haben sie es wohl so richtig gemütlich. Für die ist das hier ein Eldorado.«

»Igel sind klasse. Hat man die als Untermieter, ist das ein Zeichen dafür, dass das Öko-System im Garten stimmt – habe ich neulich irgendwo gelesen.«

»So ist es. Die lässige Wildheit in meinem Garten scheint den Tieren zu bekommen. Sonst würde es hier ja auch nicht so von Tieren wimmeln. Bienen, Schmetterlinge, Eichhörnchen und Libellen – alles da.«

»Stimmt. Vielleicht sollte ein Garten nicht immer picobello aussehen.«

»Na ja, hin und wieder muss schon etwas in Form gebracht und gepflegt werden. Sonst verwildert das alles, und dann ist es auch nicht mehr schön. Die Hecke muss eben einfach mal geschnitten werden. Da hilft nix.«

Das ist mein Stichwort. Jetzt geht's endlich los. Die Heckenschere wird ausprobiert. Akku rein und los. Natürlich schaue ich erst einmal, ob sich auch wirklich kein Nest im Busch befindet. Schließlich soll doch kein Piepmatz zu Schaden kommen – ganz so, wie es mir Saskia Vester geraten hat.

Hecke schnippeln geht tüchtig in die Arme, macht aber verflucht viel Spaß – stelle ich gerade fest. Besser und lustiger als jedes Hanteltraining. Natürlich muss man sehr konzentriert zur Sache gehen, sonst wird's wirklich krumm und schief. Aber eigentlich ist das ja auch egal – wächst schließlich alles nach. Dennoch: Zu viel sollte ich auch nicht abschneiden, denn sonst ist unsere Hecke für einige Zeit nicht mehr blickdicht. Auf dem Präsentierteller möchte ich schließlich nicht sitzen. Genauso wie Saskia Vester schätze auch ich die Privatsphäre in meinem Garten.

Für oben rum muss ich auf die Leiter. Das ist nicht ganz ungefährlich und gar nicht so leicht, da oben das Gleichgewicht zu halten. Sicherlich wäre es ratsamer, wenn jemand anders die Leiter hält. Schließlich sollen angeblich jährlich mehr als zweihunderttausend Unfälle bei der Gartenarbeit in Deutschland passieren – laut einer offiziellen Statistik. Fast die Hälfte dieser Unfälle sind Verletzungen mit scharfen oder spitzen Gegenständen, gefolgt von Stürzen von Leitern bei der Baumpflege oder Obsternte.

Natürlich ist mir Dösbaddel das in diesem Moment vollkommen egal, schließlich stand ich schon auf wackeligeren Dingern. Zum Beispiel immer dann, wenn ich als Klatschreporter über eine Promi-Hecke oder eine Mauer schauen und beobachten wollte. Dabei ist schließlich auch nichts passiert. Es gab weder blaue Flecke noch Schürfwunden, und mein Genick ist ebenfalls intakt geblieben. Also, was soll's? Bangemachen gilt nicht.

Ich schnipple weiter. Unbeirrt. Nach Bauchgefühl und Augenmaß. So wie es Schauspielerin Saskia Vester macht. Als die Leiter dann aber mehr und mehr im Rasen versinkt und in bedenkliche Schieflage gerät, mache ich erst einmal Pause. Man muss es ja nicht übertreiben. Vielleicht hilft es, wenn ich mir eine Unterlage suche, auf die ich die Leiter stellen kann. Vielleicht alte Bretter?

Erst einmal möchte ich aber wissen, wie es die Schauspielerin mit den Obstbäumen in ihrem Garten hält? Obstbäume brauchen doch schließlich auch einen ganz besonderen Schnitt...

»Wir schneiden unsere Obstbäume schon lange nicht mehr«, verrät sie mir und fügt hinzu: »Ich habe mal gehört, dass Obstbäume einen bestimmten Schnitt brauchen, damit sie ordentlich tragen und die Früchte schmecken. Unsere Bäume sind zwar irre voll, aber die Äpfel schmecken nicht. Vielleicht, weil wir die Bäume nicht mehr schneiden.«

»Und was passiert mit dem Obst?«

»Wir haben nicht weit von uns eine Biogas-Anlage. Da kommen die hin. Aber schön sehen die Bäume trotzdem aus...«

»Alte Bäume sind oft sehr schön.«

»Die beiden haben so etwas Verwachsenes. Das sieht aus, als ob sie miteinander tanzen würden. Ich mag so knorriges, gewachsenes Zeug.«

»Dann haben die doch bestimmt schon so dicke Äste, dass man darauf auch sitzen könnte, oder?«

»Nein, das kann man nicht. Die Katze läuft da gerne in der Krone drin herum.«

»Und wie steht's um den Rasen unter den Bäumen? Wächst der dort?«

»Eigentlich schon. Aber ich habe keinen Golfrasen. Hier ist das sehr schnell vermoost. Ich finde Moos allerdings sehr angenehm unter den nackten Füßen.«

So! Unterlage gefunden. Also geht's noch einmal rauf auf die Leiter, um das letzte Stückchen Hecke abzusäbeln.

Ich stehe nun zwar etwas sicherer, perfekt ist es dennoch nicht. Zum Glück ist die Arbeit nach zwanzig Minuten getan. Die erste Heckenseite ist fertig. Drei weitere folgen noch. Dann suche ich mir aber vorher jemanden, der die Leiter hält. So viel steht fest.

Nun noch den Heckenschnitt, wie der Fachmann so hübsch sagt, zusammmenfegen und fertig. Aber was mache ich mit den ganzen Ästen und Zweigen, die ich abgeschnippelt habe? Erst einmal alles zusammenfegen, denke ich mir und bewundere dabei mein Werk. Die Hecke sieht nun richtig schick aus. Wie bei meiner Freundin im Westfälischen. Toll!

»Manno, du hast ja heute richtig was geschafft«, freut sich Konstantin mit mir. »Und fürs erste Mal sieht's gar nicht so schlecht aus.«

»Nur das mit dem Trapez habe ich nicht hinbekommen. Ist dann doch mehr eine gerade Wand geworden.«

»Ach, macht doch nix. Klappt bestimmt beim nächsten Mal.«

»Komm, jetzt gibt's erst einmal was zu trinken.«

»Aber bitte keinen Tee.«

»Ne, davon hab ich heute auch genug. Wie wäre es mit einem Bier?«

Konstantin setzt sich schon mal auf die Gartenbank. Ich flitze in den Keller, um zwei Flaschen Bier raufzuholen. Wir stoßen an und genießen die letzten Sonnenstrahlen des Tages. Die Amsel singt wieder.

»Morgen geht's weiter. Dann wird die Hecke weiter in Form gebracht. Allerdings könnte ich dann wirklich jemanden gebrauchen, der die Leiter hält«, nuschle ich in die Bierflasche. Konstantin grinst.

»Wolltest du mich bitten, dir zu helfen?«

»Kannst du ja ruhig mal machen.«

»Aber klar doch. Stets zu Diensten.«

»Super. Dann wird morgen die Hecke fertig gestutzt.«

Die Amsel trällert weiter munter vom Dach des Nachbarhauses. Die Sonne verschwindet langsam hinter den Bäumen des Waldes. Konstantin hat ausgetrunken und drückt mir seine Flasche in die Hand: »Also, dann bis morgen.«

13. Kapitel

Herbst im Sommer

Gerade schien noch die Sonne, die Vögel zwitscherten in Büschen und Bäumen, die Bienen brummten von Blume zu Blume. Ein perfekter Sommertag, obwohl der Wetterfrosch im Fernsehen anderes angekündigt hatte. Aber das kennen wir schließlich.

Dennoch wird es auf einmal still. Ganz still. Kein Gezwitscher mehr, kein Geflattere und Gebrumme. Stattdessen fangen plötzlich die Baumwipfel im Wald hinter meinem Haus an, wie verrückt hin- und herzuwippen. Immer doller. Immer schneller. Mittlerweile weiß ich, wenn das passiert, gibt's Regen. Aber so verrückt sah das bisher nie aus. Eigentlich will ich den Rasen mähen, aber das lasse ich jetzt wohl lieber und schiebe meinen Mäher zurück ins Gartenhaus. Und dann geht's auch schon los. Aber heftig.

Plötzlich fegt ein Sturm übers Grundstück, der so stark ist, dass er mir die offene Tür des Gartenhäuschens direkt vor der Nase zuknallt. Der Schreck fährt mir in die Glieder. Jetzt muss alles schnell gehen: Der große Landhausschirm auf der Terrasse muss eingefahren und hingelegt werden, sonst kracht er ins Rosenbeet. Die Polster auf den

Sonnenliegen müssen ins Haus, ebenso die Kissen von der Gartenbank und den Teak-Sesseln. Die Fenster sollte ich auch noch schließen, vor allem die offenen Dachfenster, sonst klatscht mir noch der drohende Regen ins Haus.

Es regnet nicht – es schüttet, und zwar wie aus Kübeln! Der kleine Bruno hat sich schon unterm Terrassentisch in Sicherheit gebracht. Mit großen, dunklen Knopfaugen beobachtet er das Unwetter. Ich bringe derweilen Polster und Kissen vor dem Regen in Sicherheit.

Die Baumwipfel im Wald schwanken heftiger. Der Regen wird immer dichter, der Sturm immer kräftiger. Wahnsinn! Jetzt wird es auch noch dunkel. So ein Unwetter habe ich lange nicht erlebt. Ich muss unbedingt die Markise einfahren, sonst überlebt die das nicht. Mein Rasen ist mittlerweile ein Teich, die Ahornbäume an der Terrasse knutschen schon das Pflaster, und Bruno quiekt ängstlich unterm Tisch. Jetzt aber nichts wie rein!

Es donnert und blitzt. Auf Nachbars Grundstück fegt der Wind das Trampolin der Kinder übers Grundstück, direkt in meine Hecke. Aus Regen wird Hagel. Der knallt regelrecht auf meine Terrasse. Ich koche jetzt erst einmal einen Tee!

In zwei Wochen geht's in den Urlaub. Brunos erster. Wir wollen nach Dänemark, an die Nordsee. Ich habe in Hvide Sande ein kleines Häuschen gemietet. Hoffentlich ist das Wetter dann besser.

Nicht weit von unserer dänischen Ferienhütte besitzt TV-Star Nick Wilder ein Anwesen. Er ist der Arzt in der ZDF-Serie »Das Traumschiff«, viele kennen ihn auch als Herrn Kaiser aus der Werbung für eine große, deutsche Versicherung. Nick ist glücklich verheiratet mit der italienischen Schauspielerin Christine Mayn. Beide lieben ihr dänisches Haus, den Garten, das kleine Örtchen Ringkøbing ganz in der Nähe. Schade, dass sie nur noch selten dort sind. Ich hätte sie nur zu gerne besucht. Mittlerweile haben die beiden aber ihren Lebensmittelpunkt ins amerikanische Montana verlegt.

Während ich es mir noch zu Hause in meinem Ohrensessel mit Blick auf den Garten gemütlich mache und das Unwetter draußen weitertobt, schnappe ich mir mein Handy und schreibe Nick. Bei diesem Wetter kann ich ohnehin nichts im Garten machen. Also schicke ich ihm eine SMS in die USA und frage: »Wie und wann hast du eigentlich deine Liebe zum Garten entdeckt?«

Es dauert keine fünf Minuten, dann ist Nicks Antwort da. Er schreibt: »Christine und ich sind beide in der Natur aufgewachsen und sind keine Stadtmenschen. Als Kinder in der Natur und im Garten unserer Eltern zu spielen hat sicherlich etwas dazu beigetragen.«

Das ging jetzt aber fix. Toll. Jetzt bin ich neugierig und schicke gleich meine nächste Frage los.

»Und wer kümmert sich um den Garten, wenn du auf dem Traumschiff unterwegs bist?«

Zack! Die Antwort ist da. Nick scheint in Plauderlaune zu sein.

»Den größten Teil der Pflege übernimmt bei uns Christine. Sie sagt: ›Erde riechen und im Garten arbeiten ist wie Meditation.‹ Recht hat sie.«

»Euer Garten ist aber eigentlich mehr ein Park…«

»Wir leben hier in Montana auf sechzehn Hektar und haben einen Teil davon wegen der Rehe eingezäunt. Ohne Zaun würde bei uns sonst keine Blume überleben.«

»Das ist aber wirklich riesig. Wie legt man auf so einer

großen Fläche einen Garten an? Habt ihr das alleine gemacht?«

»Nein, nicht alles. Wir blicken Richtung Süden auf den Missouri River und den Hauser Lake. Vor unserem Haus ist eine zweitausendfünfhundert Quadratmeter große Rasenfläche, die von ein paar Laubbäumen eingerahmt ist. Direkt um das Haus befindet sich dann auch der eigentliche Garten. Den haben wir vor drei Jahren angelegt. Dabei hat uns aber eine Gärtnerin aus der Gegend geholfen. Sie weiß genau, was hier in unserem doch sehr trockenen Klima in Montana wächst. Allen Beeten haben wir übrigens eine professionelle und somit starke Unkrautbarriere verpasst.«

So eine Unkrautbarriere ist praktisch, erfahre ich dann auch gleich. Vor allem, wenn man keine Lust auf das ewige Zupfen hat und chemische Unkrautvernichter nicht im Garten benutzen will. Lästige Wildkräuter kann man nämlich ganz einfach mit einem Unkrautvlies und Rindenmulch bekämpfen. Einmal eingearbeitet, verhindert das Vlies über viele Jahre hinweg, dass sich Unkräuter zwischen den Kulturpflanzen im Beet einnisten.

Meine Beete sind ebenfalls unkrautfrei. Kein Wunder, habe ich doch die letzten drei Nachmittage damit verbracht zu zupfen, zu harken und zu hacken. Aber es hat sich gelohnt: Schön sieht es aus – wie ich mit einem Blick durch die regennassen, bodentiefen Fenster feststelle. Richtig gepflegt. Na ja, nicht gerade im Moment. Regen und Hagel wüten schließlich im Beet. Aber immerhin: Das Unkraut ist weg. Leider hatte ich viel zu spät die tollen Knieschoner entdeckt, die englische Gärtner gerne benutzen. Hätte ich die gehabt, wäre die Arbeit bestimmt etwas angenehmer gewesen. Hinterher ist man immer schlauer oder besser: Wieder etwas dazugelernt. Nach dem Dänemark-Urlaub werde ich mir die ganz bestimmt besorgen – das habe ich mir schon fest vorgenommen.

»Als die Frage aufkam, ob wir auf die Unkrautbarriere Rindenmulch oder dekorativen Kies und Steine legen, entschieden wir uns zu etwas Ungewöhnlichem, nämlich beides zu machen«, erzählt Nick Wilder mir im Interview.

»Und, habt ihr es bereut?«

»Nein, das war sogar eine sehr gute Entscheidung. Da wir eine Bewässerungsanlage haben, hält der Rindenmulch die Feuchtigkeit. Die darauf liegenden Steine wärmen sich im Laufe des Tages durch die Sonnenhitze auf, und wir haben somit einen Treibhauseffekt. Außerdem sind die Pflanzen im Winter vor der Kälte besser geschützt.«

»Und wenn das Unkraut dennoch mal durchkommt? Was machst du dann?«

»Da hilft dann nur zupfen, zupfen und noch einmal zupfen.«

Draußen scheint mittlerweile die Welt unterzugehen. Mist, ich habe die Kellerfenster noch gar nicht dicht gemacht. Ich spurte die Treppe hinunter. Heizungskeller? Glück gehabt! Nix passiert. Der Vorratsraum? Ebenfalls trocken. Auch der Hobbyraum. In den Fitnessraum ist etwas Wasser geflossen. Aber das ist nicht der Rede wert und lässt sich ganz einfach mit einem Handtuch wegwischen. Unsere Abflüsse in den Fensterschächten scheinen top zu sein.

Ganz außer Puste fläze ich mich wieder in den Lehnsessel. Der ist an so einem Nachmittag auch wirklich gemütlich. Etwas Tee, ein Keks und mein Welpe, der unbedingt gekuschelt werden will.

»Wie habt ihr euch denn die Gartenarbeit aufgeteilt, du und Christine?«, will ich von Nick in meiner nächsten SMS wissen. Die ist schnell getippt und abgeschickt. So ein Gartengespräch per Kurznachrichten ist ein toller, informativer Zeitvertreib an einem Regentag wie diesem.

»Wir haben da unsere Einteilung. Ich liebe es, den Rasen zu mähen und zu düngen, Christine kümmert sich um die Blumen. Ich habe übrigens so einen Traktor-Rasenmäher. Der macht Spaß!«

»Macht ihr beiden in dem großen Garten wirklich alles alleine?«

»Wir machen alles selbst. Nur wenn im Herbst die Blumen, Bäume und Sträucher geschnitten werden müssen, dann haben wir Hilfe.«

Ich schließe die Augen und kann mir nun nur zu gut vorstellen, wie der Schauspieler auf seinem Mini-Traktor lustig durch den Garten juckelt, während seine schöne Frau die Rosen schnippelt. Vom Missouri weht ein kühler Wind herauf, es duftet nach Fluss und Freiheit. Ein herrliches Bild. Das Schönste: Keine Nachbarn weit und breit, die neugierig ins Grundstück schauen können. Ich frage den Fernseh-Arzt: »Wie wichtig ist dir die Privatsphäre im Garten?« Der Schauspieler antwortet: »Auf sechzehn Hektar machen wir uns darüber keinen Kopf«, erklärt er mir. »Da kann keiner reingucken.«

Wer in Deutschland so einen XXXXL-Garten sein Eigen nennt, ist zweifelsohne vermögend. In Montana mag das anders aussehen. Mich würde diese Grundstücksgröße total überfordern. Das will schließlich alles bepflanzt und gepflegt werden. Ich bin auch mit meinem kleinen Garten zufrieden. Mehr brauche ich gar nicht. Schließlich soll er mir doch Freude bereiten und keine Belastung werden.

Natürlich könnte ich es mir wieder einfach machen und einen Gärtner engagieren, der mir hilft. Vielleicht jemanden aus dem Dorf, der sich etwas dazuverdienen möchte. Das machen schließlich viele so. Aber: Nö! Das ist mein Garten. Um den kümmere ich mich selbst. Also genieße ich die schönen Tage an der frischen Luft und mähe, schneide und buddele mich durch mein kleines, aber feines grünes Reich. Dabei wird es immer schöner.

»Unsere Rosen explodierten förmlich im ersten Jahr und sind auch in diesem Jahr extrem gesund und haben daumendicke Zweige«, schwärmt Nick schließlich und erklärt mir das Geheimnis seiner schönen Rosen: »Regelmäßiges Besprühen gegen Läuse ist allerdings sehr wichtig. Christine schaut jeden Tag drauf, und mindesten alle zwei bis drei Tage schneidet sie die verwelkten Rosenblüten ab. Das treibt die neuen Blüten.«

Das ist das Schöne am Garten: Er bedankt sich für jede Zuwendung mit der schönsten Blütenpracht. Für viele Menschen ist der eigene Garten sogar der schönste Urlaubsort. Nirgendwo sonst finden sie so schnell und so gute Erholung wie dort. Je länger ich mich mit meinem beschäftige, desto besser kann ich das verstehen.

Seit ich mich intensiv um die Pflanzen kümmere, muss ich meinen Sommer auch nicht mehr unbedingt auf Mallorca, in der Toscana oder in Südfrankreich verbringen. Scheint die Sonne, fühle ich mich auch auf meiner Gartenliege wohl. Unter meinem roten Landhausschirm lässt es sich genauso gut Cocktails schlürfen wie am Pool irgendeiner Hotelanlage – wenn nicht sogar noch besser. Früher konnte ich mir das nicht so vorstellen. Heute bin ich schlauer.

Unweigerlich fällt mir Pop-Star Adele ein. Auch sie ist

eine echte Gartenverrückte – wie viele Briten eben. Weil die Sängerin noch in ihrem Garten zu tun hatte und unbedingt das Unkraut aus den Beeten zupfen wollte, ließ sie einen arabischen Millionär abblitzen. Der hätte sie gern für ein privates Konzert engagiert. Statt jedoch für eine Millionen-Gage ein paar Liedchen zu trällern, schmiss sich Adele lieber auf die Knie und machte dem Löwenzahn oder dem Giersch in ihrem Garten den kurzen Prozess.

Und noch eine Anekdote kommt mir in den Sinn: Als die »American Pie«-Darstellerin Mena Suvari sich nach achtzehn Monaten Ehe mal wieder scheiden ließ, erklärte sie anschließend im Interview: »Für mich ist das fast wie Unkraut jäten in meinem Garten.«

Jeder setzt seine Schwerpunkte im Leben eben anders, denke ich und streichle Bruno durchs dicke, weiche Fell. Der Kleine grunzt genüsslich und will gar nicht mehr runter von meinem Schoß. Liebevoll schleckt er mir über die Hand.

Hach, ist das schön! Solche Momente möchte ich nicht mehr missen, denke ich und lasse meinen Blick durch den regennassen Garten schweifen. Der Rasen könnte wieder gemäht werden, das eine oder andere Unkraut sollte ich auch wieder ausrupfen, und mit der Harke müsste ich vielleicht mal durchs Beet.

Ich könnte mir aber auch Gedanken darüber machen, wie es in meinem Garten weitergehen soll. Welche Pflanzen ich noch setzen möchte oder welches Bäumchen noch in die Erde muss. Vielleicht noch ein Kirschbaum oder eine Zwetschge? Ich könnte einige Hortensien setzen, schließlich sind mir die Beete noch immer nicht »blumig« genug. Es gibt also allerhand zu tun.

Ich schaue auf mein Smartphone. Ob ich Nick noch

weitere Fragen schicken kann? Eigentlich müsste im amerikanischen Montana doch längst Schlafenszeit sein. Ach, was soll's? Ich kuschle mich in meinen Sessel, nippe an einer Tasse Tee und tippe los.

»Was war bisher dein größtes Projekt im Garten?«, möchte ich nun von Nick wissen. »Ach, der ganze Garten, inklusive der genauen Planung war schon ein riesiges Projekt. Aber auch der Wasserfall, den ich im Garten gebaut habe. Das hat sich über drei Jahre hingezogen.«

Ein Wasserfall im Garten? Selbst gebaut? So einen hat doch Jutta Speidel auch im Garten. Ich bin beeindruckt. Bestimmt ist der Wasserfall von Jutta ein wenig kleiner als der von Nick. Auf den Bildern, die er mir schickt, sieht's jedenfalls so aus. Egal, in den USA ist doch ohnehin immer alles mindestens drei Nummern größer als bei uns. Da hat ein Garten nicht nur einen kleinen Teich, nein, da muss es gleich ein ganzer Wasserfall à la Niagarafälle sein. Bei mir prasselt höchstens der Regen wie ein Wasserfall gegen die Scheiben.

Plötzlich fängt mein kleiner Goldie an zu kläffen. Ganz aufgeregt steht er erst vor der Terrassentür, dann springt er an meinen Beinen hoch und tappst schließlich fix wieder zur Terrrassentür. Er muss etwas gesehen haben. Ein Einbrecher wird's wohl eher nicht gewesen sein. Ich tippe auf eines der Rehe aus dem Wald hinter unserem Haus. Bruno und ich schauen gemeinsam hinaus in den Regen. Nichts Ungewöhnliches zu sehen. Schade.

Unser Grundstück ist so eine Art Durchgangsstraße für das Wild aus der Nachbarschaft. Zum Glück sind es aber nur Rehe, vielleicht noch Hasen, aber keine Wildschweine. Sie huschen gern durch meinen Garten, wenn sie zum Maisfeld auf der gegenüberliegenden Seite wollen. Dummerweise nutzen sie meine Beete hin und wieder als Schnellimbiss. Hier eine Rosenknospe, dort eine Staude. So mancher Leckerbissen wächst wohl in meinem Garten. Jedenfalls scheinen meine Beete ein leckeres Büfett zu sein.

So mancher Nachbar hat die armen, liebenswürdigen Tiere allerdings schon aufs Wildeste verflucht. Wenn man Jahr für Jahr seine Rosen hegt und pflegt und die zarten Knospen dann ratzekahl über Nacht weggefuttert werden, kann man schon mal fuchsteufelswild werden. Mich stört es noch nicht. Ich finde die Tiere niedlich. Vor allem dann, wenn eine Mutter ihr Kitz in meiner Hecke ablegt. Das zeugt doch von Urvertrauen – oder nicht?

Wir wohnten erst kurz in unserem Haus, die Buchenhecke war noch relativ jung – aber da lag es, das Kitz. Direkt an unserer Gartengrenze, gleich gegenüber vom Fußweg zum Spielplatz. Ganz unschuldig, so niedlich und wehrlos. Die Mutti hatte es dort zurückgelassen. Natürlich haben wir Abstand gewahrt und aufgepasst, dass keines der Nachbarskinder sich dem Kleinen zu sehr näherte. Riecht es nämlich erst einmal nach Mensch, lässt die Mutter ihr Kleines zurück. Das Bambi wäre damit eine Waise.

»Aber wie schützt man denn nun seine wertvollen Pflanzen vor den ungebetenen Gästen, Nick?«, frage ich den TV-Arzt per Kurznachricht, und er erklärt mir klipp und klar: »Wir haben einen sehr hohen Zaun gesetzt. Für Hasen und Kaninchen stellen wir außerdem eine Falle auf und setzen sie dann wieder aus, weit weg von unserem Grundstück.«

Das Unwetter beruhigt sich. Nun prasselt nur noch der Regen auf die Terrasse. Herbst im Sommer. Das macht schläfrig. Ich nehme mir eine Decke und kuschle mich in den Sessel und in die Kissen. Bruno schnarcht neben mir. Das kleine Fellknäuel hat seine Schlafposition gefunden. Auf dem Rücken. Ich kann mir ein Grinsen nicht verkneifen. Wir fühlen uns beide wohl im Erker – unserem Lieblingsplatz im Wohnzimmer.

»In deinem riesigen Garten hast du doch bestimmt auch einen Lieblingsplatz, oder?«, frage ich Nick Wilder in unserem letzten Gespräch.

»Aber klar doch. Mein Lieblingsplatz ist unser fire pit«, verrät er und erklärt: »Das ist eine überdachte Laube mit einem großen Gasfeuerring und gemütlichen Sitzgelegenheiten. Von hier aus hat man einen traumhaften Blick auf den Missouri und den Garten.«

Brunos leises Schnarchen macht mich schläfrig – und dabei ist es noch nicht einmal Mittag. Der Regen und das Pfeifen des Windes tun ihr Übriges. Langsam, aber sicher fallen mir die Augen zu. Das Telefon klingelt. Einmal, zweimal, dreimal – aber ich gehe nicht dran. Nein, jetzt nicht. Früher war das anders.

Früher bin ich zu jeder Tages- und Nachtzeit ans Telefon gegangen. Immer von der Angst getrieben, einen Skandal, ein Gerücht, eine Schlagzeile zu verpassen. So war es auch, als mich Anouschka Renzi eines Sonntagmorgens in Berlin aus dem Bett klingelte und sich fürchterlich über Désirée Nick aufregte. Die Schauspielerin schimpfte über die Entertainerin. Ohne ein Blatt vor den Mund zu nehmen.

Star-Coiffeur Gerhard Meir hatte gerade sein erstes Buch veröffentlicht, und die Renzi sah sich als Vorlage für eine seiner Romanfiguren. Die Details hätte angeblich die Nick verraten, das Biest. Wunderbar! Ich war sofort hellwach. Die Renzi redete sich den Frust von der Seele, und ich machte mir Notizen. »Frank, du musst unbedingt etwas darüber machen. Unbedingt!«, verlangte Anouschka von mir, und das tat ich dann auch.

Kaum saß ich hinter meinem Schreibtisch in der Redaktion, rief ich Désirée Nick an und konfrontierte sie mit den Vorwürfen. Die Nick, nicht auf den Mund gefallen, konterte extrem amüsant. Und Zack: So erblickte der schönste Zickenzoff des deutschen Show-Business das Licht der Welt. Bis heute beschäftigt er die Medien. Immer mal wieder.

Heute lass ich das Telefon klingeln. So dringend wird es ja nicht sein. Ich kann ja immer noch zurückrufen. Es ist gerade so gemütlich im Lehnsessel mit dem schnarchenden Welpen an meiner Seite.

Der Anrufbeantworter springt an. Konstantin. »Gerade sind vier Ziegel von deinem Dach geflogen. Die liegen jetzt in Bruchstücken auf deiner Auffahrt. Pass also auf, wenn du aus dem Haus gehst.«

Das darf nicht wahr sein. Ich bin natürlich sofort putzmunter, schäle mich aus dem Sessel und sprinte zur Haustür. Tatsächlich. Da liegen sie. Mist. Hoffentlich regnet es mir jetzt nicht rein.

Ich rufe Konstantin an. »Danke für die Nachricht. Aber was soll ich denn nun machen?«

»Du musst den Schaden dokumentieren. Mach erst Fotos, und ruf dann die Versicherung an.«

Ich lege auf und hole die Kamera aus meinem Arbeitszimmer in der oberen Etage. Plötzlich ein Knall. Ohrenbetäubend. Bruno kläfft. Meine schnelle Diagnose: Irgendwo in der Nachbarschaft hat der Blitz eingeschlagen. Ich renne raus, auf die Straße. Bruno hinterher. Stimmt. Der

Blitz hat sich einen Baum hinterm Maisfeld zur Brust genommen. Also nur wenige Hundert Meter neben unserem Grundstück. Wahnsinn! Zum Glück hat es den Baum getroffen. Das hätte auch anders ausgehen können. Schlimmer.

Im Haus geht nun nichts mehr. Kein Wunder, im Keller ist die Hauptsicherung rausgeflogen. Merkwürdig. Es dauert nicht lange, dann weiß ich, warum. Überspannung durch Blitzschlag! Einige Geräte haben was abbekommen. Der Fernseher ist hin, das Telefon funktioniert nicht mehr, die FritzBox ist kaputt, genau wie die Satellitenanlage und ein elektrischer Rollladen. Aber das Schlimmste: Die Solaranlage auf dem Dach hat den Geist aufgegeben.

Der Sturm hat sich mittlerweile gelegt, und zwar genauso plötzlich, wie er gekommen ist. Und auch der Regen hat aufgehört. Die Wolken verziehen sich, die Sonne scheint wieder. Die Vögel zwitschern, eine Biene brummt vorbei.

Ich setze mich auf die Terrasse und mache meine Schadensliste für die Versicherung. Konstantin kommt herüber und gesellt sich dazu. »Bei mir hat's die Heizung erwischt und den Backofen. Irre, oder?«, lacht er.

»Ja, total verrückt, aber mit drei Ausrufezeichen. Ich habe mich vielleicht erschreckt. Jetzt hoffe ich natürlich, dass die Versicherung den Schaden auch wirklich bezahlt.«

»Mach dir keine Gedanken. Genieß die Sonne. Außerdem fährst du doch bald in den Urlaub.«

»Ach, Ferien. Ich weiß ja nicht. Ich glaube, ich bleibe lieber zu Hause. Jetzt mache ich uns aber erst einmal einen Tee.«

Bruno liegt auf dem nassen Rasen und knabbert an einem vom Sturm abgebrochenen Zweig.

»Vielleicht gehe ich später noch in den Garten, die Beete durchharken und die Rosen schnippeln.«

»Mach das. Tut dir gut.«

»Ich glaube auch. Nach der Aufregung.«

»Auf den Urlaub würde ich an deiner Stelle aber nicht verzichten.«

»Na ja, mal sehen. Wenn das Wetter mitspielt, dann ist das hier doch wie im Urlaub.«

»Komm schon, ein Tapetenwechsel würde dir bestimmt gefallen. Aber jetzt gehst du erst einmal durch den Garten und behebst die Sturmschäden.«

So wird's gemacht! Erst der Garten, und dann denk ich mal über den Urlaub nach. Immerhin weiß ich nun: Gartenarbeit ist nicht nur gut für Seele und Herz, sie entspannt auch und beruhigt die Nerven.

14. Kapitel

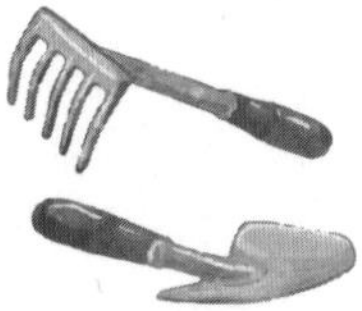

Wenn es dunkel wird im Garten

In der Großstadt wird es nie wirklich dunkel. Niemals. Alleine in Berlin bringen nach letzter Zählung 224 500 Straßenlaternen Licht ins Dunkel, davon werden übrigens 43 500 mit Gas betrieben. In München leuchten 110 000 Straßenlaternen, und in Frankfurt am Main gibt es noch 75 000. Hinzu kommen Reklametafeln, Bürohochhäuser, Einkaufspassagen und Sehenswürdigkeiten, die die Nacht erhellen. Richtig schwarz wird es dort zwischen Sonnenuntergang und Sonnenaufgang also zu keiner Minute. Wen wundert es da, dass die Tage dort kaum ein Ende finden? Für mich als Klatschreporter war das nichts Ungewöhnliches – schließlich habe ich die Nacht doch immer zum Tag gemacht.

Wie Dunkelheit wirklich aussieht und sich anfühlt, habe ich dann auch erst wieder erfahren, als ich nach knapp zwanzig Jahren Metropole zurück aufs Land zog: Nach einer abendlichen Gemeinderatssitzung in meinem kleinen Dorf verließ ich unseren Versammlungsraum, stolperte im Dunkeln und flog der Länge nach hin. Ich hatte ein Schlagloch übersehen. Nicht, weil ich abgelenkt wurde oder geistesabwesend war, sondern weil die

Nacht bei uns auf dem Land so finster ist, dass niemand die potenzielle Stolperfalle hätte erkennen können. Es ist nichts weiter passiert. Aber nach langer Zeit sah ich, dass ich nichts sah. Nicht einmal die eigene Hand vor Augen. Und natürlich hatte ich keine Taschenlampe dabei.

Um das klarzustellen: Mein Dorf verschwindet nachts nicht in der kompletten Dunkelheit. Wir leben schließlich in keinem schwarzen Loch. Hauptstraßen und Gehwege werden beleuchtet, schon aus Gründen der Sicherheit. Aber es gibt durchaus auch dunkle Flecken. Wir sind eben mit dem Licht sparsam – aus finanziellen und ökologischen Gründen. Die helle Nacht kostet schließlich Geld. Und die Kommunen sind klamm. Mein Dorf bildet da keine Ausnahme.

Das Schöne daran ist, dass die ländliche Dunkelheit Erinnerungen weckt. Wie mein Bruder und ich als Kinder nachts an den Händen unseres Vaters in Ostfriesland auf dem Deich standen und in die Dunkelheit starrten. Zu unseren Füßen tobte die Sturmflut, über uns versuchte das Mondlicht sich seinen Weg durch die dicke Wolkenschicht zu kämpfen. Die Wellen berührten fast die Gummistiefel, und die Gischt spritzte uns ins Gesicht. Im herbstlichen Norddeutschland meiner Kindheit war das keine Seltenheit.

Damals leuchtete einem vielleicht ein Licht im Fenster oder eine Lampe neben der Haustür den Heimweg. Heute ist das anders.

Natürlich habe ich auch schon daran gedacht, meinen nächtlichen Garten nachzurüsten. Garten-Center, Baumärkte und Versandhauskataloge bieten schließlich die dollsten Beleuchtungen an. Versucht habe ich es schon mit solarbetriebenen Lampen aus dem Discounter. Fünf

Stück hatte ich platziert. Der Effekt? Na ja, ging so. Weder wurden die Büsche richtig angestrahlt, noch wurden sie dadurch richtig in nächtliche Szene gesetzt. Es flackerte ein wenig, leuchtete spärlich und das war es dann auch schon. Mehr armselig, weniger Märchenland. Dabei hatte ich mir so viel von diesen Funzeln erhofft. Erst kam die Enttäuschung, dann die Wut. Denn nach kurzer Zeit waren diese Lämpchen kaputt und konnten auf den Müll. Reinste Rohstoffverschwendung.

Kurzzeitig funkelten im Beet auch mal ein oder zwei Lichterketten aus einem Kaffeekaufhaus.

Die Lämpchen hatte ich stilvoll um eine Buchsbaumkugel drapiert. Leider gaben die Ketten ziemlich fix den Geist auf. Made in China eben. Und schon war's wieder finster im Garten. Wenn ich ehrlich bin, muss ich gestehen, dass ich das halbgare Geflacker auch nicht vermisse. Falls ich doch noch mal für Licht im Garten sorgen sollte, dann lasse ich Profis ran. Mir scheint dafür wirklich das Händchen zu fehlen.

Mein Nachbar von schräg gegenüber ist da schlauer: Ruckizucki hat der findige Bursche im Garten notwendige Kabel verlegt, Steckdosen installiert und Lampen angeschlossen. Die bringen nun warmes, gelbes Licht ins Dunkel und lassen Bäume und Büsche wie die Kulissen eines Märchenwalds wirken. Einfach zauberhaft.

Das sieht nicht nur toll aus, das wirkt auch total gemütlich. So was möchte ich auch, und zwar am liebsten sofort!

Natürlich erinnere ich mich sofort an Fritz Wepper und seine zauberhafte Frau Angela. Während meiner Zeit in München sahen wir uns öfter, später leider nur noch selten – aber wir telefonieren viel.

2009 sind die beiden an den Tegernsee gezogen. Dort

besitzt das Paar ein traumhaftes Haus, umgeben von einem märchenhaften Garten, der nachts leuchtet. »Ja, wir haben in unserem Garten Licht installiert. Bei uns leuchtet es aber schon seit vierzehn Jahren. Initiator war ich, weil ich es sehr schön finde, Blumen, Büsche und Bäume in der Nacht anzustrahlen. Dann hat man, auch wenn's dunkel ist, eine wirklich schöne Atmosphäre im Garten«, erzählt mir Fritz, während er über die Blumen auf dem Balkon seiner Münchener Stadtwohnung mit der Hand streicht.

Ja, der Schauspieler hat zwei Wohnsitze. Der wichtigste ist ihm aber das Haus am Tegernsee. Dort blühen vor dem Anwesen die Geranien, und akkurat geschnippelte Buchsbaumkugeln beeindrucken den Besucher, hinten sind es der schöne Rasen, die mächtigen, mannshohen Rhododendren und die zauberhaften Hortensien mit ihren dicken blauen, weißen und rosa Dolden. Ein kleiner Bach fließt durch den verträumten Garten, und die Apfelbäume auf der anderen Seite des Wassers tragen schwer an ihren Früchten.

»Beleuchtung gehört doch irgendwie zum Leben eines Schauspielers«, philosophiert Wepper alias Harry Klein aus der TV-Serie »Derrick« weiter. »Wenn man mit Licht umgeht, weiß man, dass damit im Theater verschiedene Stimmungen erzeugt werden und eben auch ganz simpel Licht ins Dunkel gebracht wird.«

Bruno, mein kleiner Golden Retriever, wird das Licht im Garten mögen. Bisher traut er sich nach Einbruch der Dunkelheit nämlich nicht mehr ohne meine Begleitung hinaus in die Nacht. Ängstlich sitzt er dann auf der Terrasse im Schein des Lichts, das aus dem Wohnzimmer nach draußen fällt, und lauscht in die Finsternis. Ein

Wachhund wird der nie. Das weiß ich jetzt schon. Da helfen auch keine Solarlichter in den Beeten und Lichterketten in den Buchsbäumen. Macht aber nichts. Der soll lieber spielen und kuscheln. Und wenn's darauf ankommt, dann bin ich eben an seiner Seite.

»Wir haben aber auch einen tollen, großen Eichentisch im Garten stehen«, erzählt TV-Star Fritz Wepper. Auf dem flackern am Abend zwei dicke Kerzen. Das sieht hübsch nach Candle-Light-Dinner aus. Aber abgesehen davon: Die Sonne ist das Ur-Licht. Davon möchten wir etwas in die Nacht tragen. Insofern sind wir doch alle Kinder des Lichts.«

Am Tegernsee plaudere ich mit Angela. Sie ist ihrem Fritz seit 1978 eine liebende Ehefrau. Vorher war sie übrigens mit Ferfried Prinz von Hohenzollern liiert. Der machte später als »Foffi« Karriere in den Boulevard-Zeitungen und ließ sich mit seiner Geliebten Tatjana im Badezimmer fotografieren. Der Prinz und die vollbusige Blondine genossen den Berliner Society-Rummel in vollen Zügen und waren schließlich auch Stammgäste in meiner Gesellschaftskolumne. Irgendwann verlor die Liebe zwischen »Foffi« und »Tati« scheinbar ihr Feuer. Vielleicht auch, weil Ferfrieds Scheidung von Noch-Ehefrau Maja nicht so flott über die Bühne ging, wie wohl gehofft wurde. Nach dem Liebes-Aus zog der Hohenzollern-Prinz sich aus der Öffentlichkeit zurück. Heute lebt Ferfried abseits von Blitzlichtgewitter und Partyrummel. Wie man hört, hockt er heute lieber mit Angela und den gemeinsamen Kindern in ihrem Garten und genießt schöne, entspannte Nachmittage bei Kaffee und Kuchen. Wen wundert's, immerhin ist Angelas Garten ein Ort des Friedens und der Seeligkeit.

»Ich habe nicht nur an der Terrasse meine Laterne, sondern auch noch fünf Strahler im Garten platziert«, ergänzt Angela Wepper ihren Mann Fritz. »Die beleuchten den Garten abends indirekt. Das sieht immer sehr stimmungsvoll aus. Nicht nur im Sommer, auch im Winter. Besonders im Winter, wenn der Schnee liegt.«

Angela kennt sich aus. Immerhin ist der Garten am Tegernsee ihr Revier. Sie hat ihn angelegt, sie pflegt ihn, und Fritz gesteht: »Meine Frau hat zwei grüne Daumen, ich nur einen. Mit dem kann ich mich gerade noch um die tollen Blumen auf dem Balkon meiner Stadtwohnung kümmern. Nein, Angela hat das nötige Talent für den Garten, nicht ich.«

Aber was ist denn nun mit dem Licht? Ich könnte doch zum Beispiel die Kugelahorne an meiner Terrasse zum Leuchten bringen. Aber vielleicht stehen die doch zu nah an den Sitzgruppen. Oder den Rhododendron vor der Buchenhecke, der könnte weit genug weg sein. Vielleicht aber auch den großen Tannenbaum, an dem ansonsten die Weihnachtsbeleuchtung glimmt. Aber wird die dann nicht überflüssig? Wäre doch schade drum. Fritz Wepper lässt sogar den Busch beleuchten, an dem sein Hund pieselt – soweit würde ich jetzt nicht gehen. »So weiß er wenigstens, wo er sich in der Nacht lösen kann«, erklärt der Schauspieler mir. Bruno würde sich bedanken. Der verzieht sich doch jetzt schon zum Pieseln ins Gebüsch. So wichtig scheint ihm seine Privatsphäre zu sein. Da würde das Licht nur stören.

»Ist es wirklich so einfach, Licht im Garten zu installieren, wie es sich anhört?«, frage ich Angela, und die nickt lächelnd. Man spürt sofort, wie wichtig ihr diese Oase vor den Toren Münchens ist. Es ist offensichtlich, wie viel

Liebe sie hineingesteckt hat und wie viel Kraft sie nun aus ihrem blühenden Refugium zieht.

»Ja, das war nicht schlimm. Ging auch ganz schnell. Die Kabel wurden kurz unter der Grasnarbe verlegt. Heute sieht man davon nichts mehr. Das ist alles wunderbar wieder verwachsen. Hin und wieder geht nur eine Birne in einem der Strahler kaputt. Die muss dann ausgetauscht werden. Mehr ist nicht zu tun.«

»Gab's denn einen Rat vom Fachmann?«

»Vom Landschaftsarchitekten? I wo! Eine Beratung war nicht nötig. Die brauchte ich nicht. Ich habe mich einfach in den Garten gestellt, alles angeschaut und wusste ganz schnell, wo es leuchten soll.«

»Da muss ich erst nachschauen. So sicher bin ich mir da nämlich noch nicht.«

»Na ja, in meinem alten Garten hatte ich auch schon Lampen. Darum wusste ich auch sehr früh, was ich will und was nicht. Und dann hat mir unser sehr guter Elektriker die Strippen hier in unserem Garten am Tegernsee verlegt.«

»Worauf sollte ich denn achten?«

»Ach, einfach einen Busch oder Baum aussuchen und die Strahler so platzieren, dass er indirekt beleuchtet wird. Mir war auch noch ein warmes Licht wichtig. Ich wollte nix Grelles im Garten. Und nix Buntes. Das soll hier schließlich nicht so ausschauen wie in Las Vegas.«

»Meine neuen Nachbarn beleuchten auch zwei Büsche. Sieht toll aus ...«

»Es ist so schön. Im Sommer, wenn man dann abends draußen sitzt, und die Lichter sind an, ist das herrlich.«

»Da wird man ganz neidisch.«

»Nein, nicht neidisch werden, sondern installieren. Im

Winter verzaubert das Licht den Garten in eine Märchenlandschaft, und im Sommer hat man das Gefühl, die Toscana hätte angeklopft und sich niedergelassen. Licht gibt dem Garten am Abend etwas wahnsinnig Gemütliches. Da bleibt man dann im Sommer auch gerne länger draußen.«

Während ich mich mit Angela über ihre Lichtinstallation unterhalte, ist ihre Begeisterung nicht zu überhören. Ganz schnell spürt man, wie viel Kraft und Halt ihr der Garten bietet. Wenn man sich umblickt, weiß man auch sofort warum: Er ist ihre heile Welt. Ihr Paradies. Ihre Trutzburg in stürmischen Zeiten.

Angelas Eheglück mit ihrem Fritz stand nicht immer unter einem guten Stern. Tränen flossen, böse Worte fielen, Wut und Enttäuschung sorgten fast für ein Ehe-Aus. Mittlerweile ist über so manche zurückliegende Traurigkeit Gras gewachsen. Nun ist in Angelas Garten am Tegernsee kein Platz mehr für die Vergangenheit. Hier wächst nur noch Glück und blüht der Frieden.

Wenn Angela über ihr grünes Reich spricht, schwingt große Freude in der Stimme mit und auch ein bisschen Stolz. »Der Garten ist alleine meine Aufgabe. Früher hat Fritz geholfen, aber heute hält er sich raus und lässt mich alleine machen.«

Angela genießt die Momente an der frischen Luft, die Sonne, das Vogelgezwitscher, während sie über das Grundstück wuselt. Hier ist ihr Zuhause, hier will sie nicht mehr weg. Nie mehr. Einen alten Baum verpflanzt man schließlich auch nicht so einfach.

»Die Rhododendren habe ich selbst gepflanzt«, erinnert sie sich und deutet auf die großen Büsche. »Zugegeben, unser Nachbar hat mir dabei ein wenig geholfen. Ich bin mit ihm in die Baumschule gefahren und hab die dort ausgesucht. Er hat die Löcher gebuddelt, und gemeinsam haben wir sie dann eingesetzt.«

»Warum gerade Rhododendren?«

»Meine Mutter hatte schon eine Vorliebe für Rhododendren. Im Herbst ist sie immer zu den Büschen und hat das Verblühte mit den Fingern herausgeknipst. Als kleines Mädchen habe ich ihr dabei geholfen. Es hat sich immer gelohnt, denn die Büsche haben im Jahr darauf wieder so schön geblüht – wenn nicht noch schöner.«

»Ist es denn schlimm, wenn ich vergesse, das Verblühte zu entfernen?«

»Nein, schlimm ist es nicht. Die Blüten kommen auch so. Aber wenn man das abknipst, dann wuchern die neuen Blüten umso doller.«

»Die blühen in den tollsten Farben, nicht wahr?«

»Meine Rhododendren blühen in Weiß, Gelb und Rot. Das sieht immer ganz herrlich aus. Leider blühen die nie lange. Dafür sind die Blätter aber schön grün. Im Sommer muss man nur darauf achten, dass die Büsche unbedingt genügend Wasser bekommen.«

Ich habe auch schon einen im Garten. Ein Geschenk meiner Eltern. Der ist aber noch klein und wird es wohl auch bleiben. Dafür blüht er in einem fantastischen Rosa. Bruno versteckt sich immer gern unter dem Busch. Da ist es schön kühl und feucht. Außerdem kann er von dort ganz wunderbar zum Sprung auf die neugierigen Amseln ansetzen. Na ja, eigentlich ist es mehr ein Hüpfer, der die Piepmätze kaum überrascht. Schließlich haben sie längst mitbekommen, dass er sich unter dem Busch versteckt und lauert. Natürlich sind die Vögel auch viel raffinierter als mein kleiner Hund – aber niedlich anzusehen ist es dennoch, wie sie Bruno an der Nase herumführen.

»Ich mag Rhododendren. Die wachsen aber nicht überall, oder?«

»Das sind eigentlich Waldpflanzen. Die brauchen einen sauren Boden. Dafür gibt's aber in der Gärtnerei eine ganz bestimmte Erde. Wenn man die untermischt, dann wachsen Rhododendren überall. Ich muss meine auch einmal im Jahr etwas düngen, weil der Boden in Bayern nicht ganz so rhododendronfreundlich ist.«

»Mein Rhododendron ist eigentlich etwas kümmerlich. Der will nicht weiterwachsen. Aber alt wird er hoffentlich.«

»Meine drei halten sich schon seit vierzehn oder fünfzehn Jahren sehr gut. So lange wohnen wir hier am Tegernsee. Die Büsche blühen nur sehr kurz. Nach drei Wochen ist die Pracht leider wieder vorbei.«

»Eigentlich schade.«

»Am schönsten ist es zu Pfingsten. Dann blühen meine Rhododendren, die Azaleen und die anderen Blumen ums Haus.«

Jeder Garten scheint eine Zeit im Jahr zu haben, in der er sich von seiner schönsten Seite zeigt. Mein Ziel ist es aber, dass mein Garten mich immer begeistert – zu jeder Jahreszeit. Egal, ob Frühling oder Winter, Sommer oder Herbst. Auch wenn das nicht einfach ist, weiß ich mittlerweile, dass es möglich ist. Natürlich macht das Arbeit. Aber dafür ist es immerhin ein ärztlich verordnetes Projekt.

Je länger ich an meinem Garten arbeite, desto besser geht es mir. Zugegeben, manchmal denke ich mir noch, ich müsste mal bei diesem oder jenem anrufen und fragen, wie es ihm geht. Immer mit dem Hintergedanken, dass es vielleicht eine tolle Schlagzeile gibt. Aber ich tu's nicht. Oder Informanten rufen mich an und berichten mir den neuesten Klatsch und Tratsch aus der Show-Branche. Wer mit wem, wann und wo. Aber das interessiert mich momentan immer weniger. Eigentlich kaum noch. Ob das immer noch so ist, wenn sich meine Gartenеuphorie gelegt hat, wenn ich wieder stark genug bin und mein Burn-out hinter mir gelassen habe?

»Ich schnippele die Rosen, rupfe das Unkraut vorm Haus und kümmere mich auch gerne um die Blumen in den Töpfen«, erzählt mir Angela. »Das ist für mich Entspannung pur.«

»Das ist aber auch sehr viel Arbeit.«

»Eigentlich nicht, denn ansonsten gibt es nicht viel, was ich hier tun muss. Ich habe doch eher einen pflegeleichten Garten.«

»Und die Arbeit erledigt sich ganz ohne Hilfe?«

»Gut, im Herbst muss die Hecke geschnitten werden. Aber die ist so hoch, dass ich das lieber von einem Fachmann machen lasse. Ich klettere nicht auf die Leiter. Das ist mir zu gefährlich. Wenn ich da runterfalle – nicht auszudenken ...«

»Und der Rasen? Wer mäht den?«

»Das macht der Nachbarsjunge. Der macht das wirklich wunderbar. Auf den ist Verlass.«

Das ist das Schöne: Ein Garten verbindet. Egal, ob's der kleine Plausch über den Zaun hinweg mit Frau Nachbarin ist oder Spaziergänger, mit denen ich ins Gespräch komme, während ich im Vorgarten das Unkraut jäte.

Manchmal jedoch muss man sich unerwartet für immer von Freunden verabschieden. So geht es auch mir, während ich an diesem Buch arbeite. An einem Freitag im Januar 2019 erhalte ich morgens die Nachricht, dass

Angela Wepper in den frühen Morgenstunden gestorben ist. Wir hatten nur wenige Tage zuvor miteinander telefoniert. Gemeinsam freuten wir uns auf den noch fernen Frühling, auf die ersten Krokusse, die Osterglocken und Tulpen. Gemeinsam wollten wir auf ihrer Terrasse die Rhododendronblüte genießen. Dann stürzte Angela die Treppe hinunter. Sie musste ins Krankenhaus. Dort erlitt die geborene Baronesse von Morgen in der Nacht eine Hirnblutung und starb schließlich am 11. Januar 2019. Angela hat die Ruhe in ihrem kleinen Dorf am Tegernsee immer genossen. Sie lebte dort, wo andere gern Urlaub machen.

»Ach, mir würde das auch gefallen«, seufzt Konstantin, als wir wieder einmal auf den Stufen vor meinem Haus sitzen. »Die Ecke, die sich die Weppers ausgesucht haben, ist wirklich schön.«

»Ja, das stimmt wirklich. Ich habe doch vor Jahren für die *Bunte* in München gearbeitet. Da bin ich natürlich auch raus zu den Seen. Traumhaft.«

»Und warum biste nicht dort geblieben?«

»Ich war wohl noch zu jung. Berlin fand ich spannender.«

»Da biste dann ja auch hin.«

»Genau. Aber jetzt sind die wilden Jahre vorbei, und ich lebe wieder auf dem Land. Und das ist auch gut so, wenn ich kurz einen Berliner Bürgermeister zitieren darf.«

Natürlich könnte ich mir heute ein Leben am Tegernsee nur zu gut vorstellen. Aber nachdem ich kurz im Internet nachgesehen habe, was dort ein entsprechendes Haus kosten würde, habe ich mich doch ganz fix dagegen entschieden. Nein, das kann ich mir nicht leisten. Macht aber nichts. Schließlich besitze ich bereits im traumhaften Jesteburg ein schönes Haus mit einem Garten, der immer schöner wird – auch wenn noch einiges an Arbeit vor mir liegt. »Ein Garten wird niemals fertig. Das weiß doch jeder Gärtner. Das weiß sogar ich.«, erklärte mir Angela in unserem letzten Gespräch. »Darum wirst du auch schön dort bleiben, wo du bist. Dort wirst du noch lange gebraucht.«

Konstantin schlägt vor, statt ins Garten-Center dieses Mal in den Baumarkt zu fahren. Dort würde man alles Notwendige für eine Beleuchtung des Gartens bekommen. Und falls ich dort nicht die Lampen finde, die mir gefallen, könne ich ja wenigstens erst einmal ein oder zwei Kataloge mitnehmen.

»Aber bist du dir sicher, dass du auf deine Fackeln und das Kerzenlicht so schnell verzichten möchtest?«, fragt er mich.

»Schließt denn das eine das andere aus?«

»Ne, eigentlich nicht. Aber vielleicht bist du ein wenig zu früh mit deiner Beleuchtung dran.«

»Wie meinst du das?«

»Na ja, lass doch deine neuen Pflanzen erst einmal etwas wachsen. Ein alter Baum sieht beleuchtet irgendwie spannender aus als ein Bäumchen – findest du nicht?«

»Da könntest du allerdings recht haben. Wieder einmal.«

Ich zucke mit den Schultern und nippe am Teebecher. Vielleicht sollte ich tatsächlich noch ein wenig warten. Meine Fackeln, Kerzen und Lampions machen sich doch sehr hübsch im Garten. Ich finde, sie schenken ihm etwas Romantisches, Ursprüngliches. Irgendwie fühlt man sich doch an die »gute alte Zeit« erinnert – wann auch immer das gewesen sein mag. Zugegeben, meine althergebrachten »Lichtinstallationen« hellen den Garten nun nicht gerade auf, und Bruno wird sich weiter fürchten, solang es dort so finster bleibt, aber irgendwann wird auch er seine Angst vorm Dunkeln verlieren.

Ohnehin muss ich mich erst einmal informieren. Hopplahopp ist auch in diesem Fall sicher ein Fehler. Also: Erst wird geplant, dann ausgesucht und schließlich installiert. Alles wohl überlegt, bitte schön. Sonst wird das doch nichts.

»Das stimmt natürlich. Man muss wissen, was man will. Sonst sieht dein Garten nachher noch aus wie ein kleines Las Vegas. Würdest du das wollen?«, fragt Konstantin. Ich schüttele mit dem Kopf. »Nein, natürlich nicht. Ich will doch den Uhu und die Fledermäuse nicht verscheuchen, und der Igel soll auch nachts weiter durch den Garten tapsen. Wäre doch schade drum.«

»Dann lass deine Gartenpflanzen noch ein wenig wachsen, und im nächsten Jahr legst du los.«

Bis die erste Lampe im Garten strahlt, werde ich also weiter die dunkle Nacht genießen und im Winter meine dezente Weihnachtsbeleuchtung. Dann kommen die Kerzen an die Tanne und einige Lichter ans Haus. Mehr nicht. Bis dahin leuchtet der Vollmond alle vier Wochen meinen Garten nachts aus. Das soll mir erst einmal genügen. Ist doch auch hübsch. Denn weniger ist in diesem Fall wirklich mehr, finde ich.

Nur mit dem Kauf der Taschenlampe werde ich wohl nicht mehr so lange warten. Die nächste Ratssitzung kommt bestimmt, und ich will mich doch nicht wieder der Länge nach hinlegen. Bis wir nämlich in Jesteburg alles ordentlich ausgeleuchtet haben, kann noch einige Zeit vergehen.

15. Kapitel

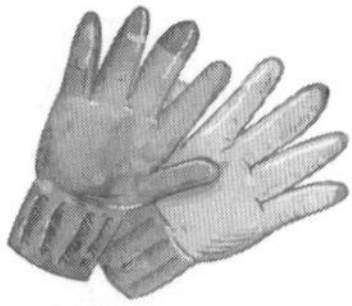

Auf Stippvisite bei Prinz Charles

Ich bin zu früh. Wie immer. Eine alte Reportergewohnheit, die man wohl nicht so einfach ablegen kann. Selbst dann nicht, wenn man diesen Beruf an den Nagel gehängt hat. Aber besser so als anders – oder? »Ich darf Sie höchstens eine Stunde vorher durchlassen«, erklärt mir die Polizistin an der heruntergelassenen Schranke. »Gehen Sie doch einen Kaffee trinken. Nicht weit die Straße hinunter ist ein Pub. Der müsste schon aufhaben.«

Ich will Highgrove besuchen, den privaten Wohnsitz von Prinz Charles und seiner Camilla. Hier, in den englischen Cotswolds, hat sich der künftige König seine heile Welt aus Stauden, Sträuchern und Solarstrom gebastelt.

»Das musst du dir unbedingt ansehen, sobald sich eine Gelegenheit dazu bietet«, rät mir mein Nachbar Konstantin abends beim Weißwein auf der Terrasse. »Bei Charles im Garten bekommst du mit Sicherheit die tollsten Anregungen. Da kommst du doch rein. Das sollte für dich doch kein Problem sein, oder?« Ist es auch nicht, denn im Internet kann man für dieses hochherrschaftliche Gartenparadies tatsächlich Eintrittskarten kaufen. Drei Wochen später geht's ab auf die Insel zur royalen Gartentour.

Seit 1981 ist Highgrove die private Residenz von Prinz Charles. 1981 zog er mit Diana ein. Neun Schlafzimmer, vier Empfangsräume auf einem 360 Hektar großen Grundstück sollten ihr glückliches Zuhause werden. Wir wissen: Es kam anders. Nach der Trennung und Scheidung von Diana ließ Charles das Haus renovieren und ganz nach dem Geschmack seiner zweiten Ehefrau einrichten. Nicht mehr im modernen Country-Style, den Diana liebte, sondern eher klassisch-plüschig – so, wie es der hiesige Landadel schätzt. Aber das Haus ist mir jetzt ziemlich schnuppe. Natürlich werfe ich als Klatschreporter nur zu gerne einen Blick durch die großen Sprossenfenster hinein, aber der Garten ist jetzt wichtiger. Und der soll grandios sein.

Der Landstrich, den sich Charles für sein »Wochenendhäuschen« ausgeguckt hat, ist übrigens auch bei vielen Stars beliebt. Super-Model Kate Moss lässt hier die Puppen auf den Tischen tanzen, Schauspielerin Liz Hurley erntet ihr Bio-Gemüse, und »Titanic«-Star Kate Winslet führt in der Nachbarschaft ihren Golden Retriever Gassi. Und wenn Kultkünstler Damian Hirst nicht gerade in London ein totes Schaf in Formaldehyd einlegt und an den meistbietenden Sammler verhökert, lebt er ebenfalls hier.

Nur einen Steinwurf von Charles und Camilla entfernt residiert Prinzessin Anne seit 1977 auf ihrem Landsitz Gatcombe Park. Neun Schlafzimmer, vier Empfangsräume, Bibliothek, Billardraum, Wintergarten. Annes bescheidenes Königreich ist so groß wie vierhundertzwanzig Fußballfelder. Ein Hochzeitsgeschenk der Queen für ihre einzige Tochter.

Highgrove ist eines der bestbewachten Anwesen Englands – und ziemlich schwer zu finden. Kein Wegweiser, kein Hinweisschild. Nichts, was auf das Herrenhaus und seinen Garten hindeutet. Minutenlang juckelt man an hohen Mauern und noch höheren Zypressenhecken vorbei und kann nur erahnen, was sich dahinter verbirgt. Die Landstraße ist schmal, die erlaubte Höchstgeschwindigkeit liegt bei dreißig Meilen pro Stunde. Natürlich finde ich den Eingang zum Garten nicht auf Anhieb. Man muss schon suchen. Einfach wäre ja auch langweilig.

Aber man kann es ja durchaus verstehen: Ungebetene Besucher sollen bitte schön draußen bleiben. Wer will denn schon, dass sie einfach so über den Rasen stampfen oder es sich auf der Terrasse gemütlich machen. Wo kämen wir denn da hin!

»Wir erleben das in unserem Park ganz häufig. Trotz der vielen Hinweisschilder, stehen des Öfteren wildfremde Menschen auf meiner privaten Terrasse, während ich in der Sonne sitze«, verrät mir Annabelle Gräfin von Oeynhausen-Sierstorpff. Ich erinnere mich an das Gespräch, als ich im Schritttempo den Schotterweg auf Highgrove hinauffahre.

»Es gibt keine Zäune oder Mauern?«

»Nein, wir haben im Park Hinweisschilder aufgestellt und davon nicht wenig. Dennoch werden die gerne übersehen.«

Die Kunsthistorikerin ist in Sevilla, Barcelona und Essen aufgewachsen. Als sie sich verliebte, landete sie prompt im östlichen Westfalen. Jetzt lebt sie im beschaulichen Bad Driburg, gleich um die Ecke vom Teutoburger Wald. Das Familienunternehmen wird nun schon in siebter Generation von einem Spross dieser vornehmen Dynastie geleitet. Jetzt verantwortet Marcus Graf von Oeynhausen-Sierstorpff die Geschäfte, der Ehemann von Gräfin Annabelle. Zum Unternehmen gehören fünf Reha-Kliniken, eine Mineralwasserquelle und das »Gräfliche Park Hotel & Spa«. Insgesamt beschäftigt die Familie eintausendfünfhundert Mitarbeiter. Die Aufgabe der Gräfin: Sie kümmert sich um die Firmenkommunikation und liebevoll um die zum Unternehmen gehörenden Gärten. Ihre Parks locken jährlich mehrere hunderttausend Besucher an.

Auf dem Besucherparkplatz von Highgrove angekommen, nenne ich einem netten Herren in Tweed meinen Namen, zeige meinen Ausweis und schließlich die Eintrittskarte. »Oh well, Mister Gerdes. Herzlich willkommen«, erklärt er lächelnd. Und dann mit Blick auf meinen Fotoapparat, der auf dem Beifahrersitz liegt: »Aber Sie müssen wissen: Fotografieren ist im Garten nicht erlaubt.« Wusste ich schon. Steht schließlich auch im Infomaterial, das mir zusammen mit der Eintrittskarte zugeschickt wurde – ich wollte es trotzdem probieren.

»Aus Sicherheitsgründen dürfen Sie nicht fotografieren«, erklärt mir dann noch einmal eine Dame im Orchard Room, dem Besucherpavillon zum Garten von Highgrove. Ihr Ton ist dabei äußerst freundlich, aber bestimmt. Widerspruch wird nicht geduldet. »Fünf Minuten vor Tourstart können Sie dort drüben, hinter den beiden Vorhängen ihren Guide treffen. Bis dahin schauen Sie sich doch in unserem Souvenir-Shop um, oder trinken Sie einen Tee auf der Terrasse.«

Nun gut. Trinke ich also einen Tee. Und nippend an meinem Earl Grey bin ich ganz fix wieder mit den Gedanken in Bad Driburg bei Gräfin Annabelle. »Mein privater Garten wurde von Lady Arabella Lennox-Boyd gestaltet. Das war der letzte Wille meiner Schwiegermutter. Sie war eine leidenschaftliche Gärtnerin. Leider starb sie viel zu früh an Krebs«, erzählt die Kunsthistorikerin.

»Ein schicker Garten ...«

»Ja, das ist er. Lady Arabella hat dort Beete mit Stauden in Rosa und Weiß angelegt. Das sind die Farben des Hauses. Dann gibt's noch eine wilde Narzissenwiese, einen Winterling- und danach Blaustern-Teppich unter dem riesigen Magnolienbaum, Buchsbäumchen und Taxus-Kuben. Am Pool stehen vier Wildbirnen, und die Terrassentreppe wird von Agapanthus-Töpfen eingerahmt. Am Rasenrand wachsen schließlich noch Rhododendren.«

»Aber warum musste es denn ausgerechnet Lady Arabella richten? Hätte man den Garten nicht selbst gestalten können?«

»Für meine Schwiegermutter, Ramona Gräfin von Oeynhausen-Sierstorpff, war Arabella Lennox-Boyd damals die Meisterin der Gartengestaltung. Sie hatte nicht viele Wünsche, aber ihr größter war, dass Lady Arabella den Garten gestaltet. Diesen Wunsch haben wir meiner Schwiegermutter noch erfüllen können.«

»Klingt sehr anrührend. Was ist für Sie denn bei einem Garten wichtig?«

»Dass der Garten nicht einsehbar ist und man dennoch einen Blick in die umliegende Landschaft hat. Es muss immer etwas blühen, und er sollte großzügig wirken. Auf keinen Fall darf er kunterbunt bepflanzt sein. Die Blütenfarben müssen gut miteinander harmonieren, finde ich.«

Mittlerweile knallt die morgendliche Sonne auf die Terrasse vor dem Orchard Room. Sechs mittelalte Paare tummeln sich dort an den Tischen. Es wird ehrfürchtig geflüstert und leise gekichert. Schließlich ist man bei Königs zu Gast. Das ist man ja nicht jeden Tag. Ich schließe meine Augen, genieße die englische Wärme und lausche dem Zwitschern der Vögel, das langsam vom Brummen der Rasenmäher abgelöst wird. Moment! Rasenmäher? Ich dachte, auf Highgrove würde Prinz Charles persönlich mit einer Sense das Gras schneiden. Voll ökologisch eben. Aber denkste!

Ich habe meinen Tee ausgetrunken. Jetzt nehme ich den Besucherpavillon mal genauer unter die Lupe: An den holzvertäfelten Wänden hängen Garten- und Landschaftsaquarelle seiner Königlichen Hoheit. Geschmackssache. Die Ölgemälde von William und Harry auf Schloss Windsor sind dagegen offensichtlicher royaler Kitsch. Herrlich! Sogar Camilla lächelt einem von einem der Ölbilder im Orchard Room huldvoll entgegen. Wunderbar! Die bodentiefen Fenster sind mit Blümchengardinen verhängt, auf dem Boden ächzt Eichenparkett. Grandios!

Um zehn vor zehn ist es so weit: Mit den anderen Gartenfans werde ich hineingebeten. Wir versammeln uns unter einem bauschigen Zeltdach, nehmen Platz auf zierlichen Stühlen und warten gespannt auf das, was jetzt kommt. Und dann spricht er zu uns! Prinz Charles! Wie ein Messias. Huldvoll. Elegant. Königlich. Ein sanftes Raunen kullert durch die besetzten Stuhlreihen. Der Kronprinz erklärt uns per Video-Botschaft seine Leidenschaft.

Der Blaublüter schwärmt mit sanfter Stimme von den Freuden des Gartenbaus, dem ökologischen Gärtnern. Ich erfahre, wie glücklich Staudenbeete ohne Pestizide oder Gemüseanbau ohne künstlichen Dünger machen, welche Zufriedenheit der richtige Fruchtwechsel, organisches Kompostieren und die Nutzung von Regenwasser schenkt. Alles ein bisschen dick aufgetragen, aber es begeistert – das erkenne ich, wenn ich in die beseelten Gesichter meiner Mithörer schaue.

Auch Annabelle von Oeynhausen-Sierstorpff kennt mittlerweile die Macht des Gartens. Immerhin tragen die Gräflichen Parkanlagen in Bad Driburg einen nicht unerheblichen Teil zum Wohlfühlkonzept der Kuranlagen bei. Sie sollen Erholung vom Alltag bieten, positiv auf Geist und Körper der Besucher einwirken und inspirieren. »Alles schön und gut. Aber wie bekomme ich denn den Garten, der mir gefällt?«, frage ich die Gräfin.

»Durch kontinuierliches Kümmern, Formen und Pflegen. Außerdem hilft ein wenig Geduld.«

»Und wie gestalte ich mir meinen Garten möglichst pflegeleicht?«

»Dafür muss man einzelne Gartenräume schaffen, außerdem Stauden und Rosen pflanzen. Am besten viel und eng zusammen. Dann hat auch das Unkraut keine Chance.«

»Und wie finde ich heraus, was ich wohin pflanzen soll?«

»Das kommt darauf an, von wo man schaut: Wenn man nur von vorne schaut, dann ab mit den höheren Pflanzen nach hinten. Wenn das Beet von allen Seiten einsehbar ist, kann man durcheinander pflanzen.«

»Passen denn alle Pflanzen zusammen?«

»Vom Wuchs müssen die Pflanzen ungefähr gleich stark sein. Wuchernde können nicht neben schwache gepflanzt werden. Ästhetisch gesehen, finde ich, dass man in Farbfamilien bleiben sollte. Also Orange mit Rot und Gelb oder Rosa, Pink, Lila und Rot zusammen kombinieren.«

»Welche Pflanzen machen mir das Gärtnern denn leichter?«

»Es gibt einige, die ziemlich pflegeleicht und anfängerfreundlich sind. Die brauchen dann auch keine Stützen und müssen nicht großartig ausgeschnitten werden. Fette Henne oder Stachys of Hummelo, am besten der von Piet Oudolf gezüchtete, sind gute Beispiele dafür.«

Der Gräfliche Park in Bad Driburg ist eine Lebensaufgabe. Er wird seit Generationen gehegt und gepflegt. Ganz anders der Garten von Highgrove. Im Vergleich zum gräflichen Garten ist er noch ein junges Küken. »Als der Prinz vor fast vierzig Jahren nach Highgrove kam, gab es nicht viel mehr als Weideland, ein Dickicht aus Sträuchern und einen vernachlässigten, ummauerten Garten«, erzählt John. Er ist einer der fünfunddreißig »Garden Guides«, die uns durch die verschiedenen Gartenräume des Anwesens führen und darauf achten, dass niemand unterwegs verloren geht oder zu sehr rumschnüffelt.

Für Prinz Charles ist Highgrove ein Ort, der die Harmonie mit der Natur nicht stören soll. »Ich war entsetzt über die zunehmende Zerstörung im Namen des Fortschritts. Vieles in der modernen Landwirtschaft und im Gartenbau erschien mir wie ein erbitterter Kampf gegen die Natur«, erzählt Charles. Beseelt von dem Wunsch, »die Landschaft zu heilen, ihre Wunden zu verbinden und sie wieder in ihre natürliche Form zu bringen«, kaufte er das Anwesen – mit dem Anspruch, einen Garten zu schaffen, »der das Auge erfreut, das Herz wärmt und die Seele nährt«.

Nach dem »Wort zum Sonntag« vom Thronfolger geht es nun endlich los – wir dürfen in den Garten. Als Erstes führt John mich und die anderen in den Cottage Garden. Wir betreten ihn durch ein Torhäuschen mit einer dreihundert Jahre alten Tür aus Jodhpur – Charles hatte sie einst am indischen Straßenrand gefunden und kurzerhand nach England mitgenommen. Dahinter reckt rosa Sonnenhut seine Köpfchen dem Himmel entgegen, blühen blaue Katzenminze und purpurne Rosen. Dazwischen Wicken und die pummeligen Kugeln des Zierlauchs. Von seiner königlichen Hoheit allerdings noch immer keine Spur – obwohl seine Standarte auf dem Haus im lauen Wind weht. Er ist also zu Hause.

Statt des Kronprinzen wühlen sich zwei der insgesamt dreizehn Gärtner und Gärtnerinnen, die das Anwesen in Schuss halten, durch die Beete. Heute Morgen muss der Storchenschnabel im Cottage Garten gebändigt werden. Dieser Garten wurde übrigens von Gartendesignerin Rosemary Verey gemeinsam mit Charles geplant. »Hach«, denke ich mir, »Kronprinz müsste man sein, dann helfen einem die tollsten Landschaftsdesigner. Und für Charles hat es Rosemary doch bestimmt auch noch gratis gemacht.«

Auf Highgrove finde ich Anregungen für meinen Garten gleich im Dutzend. Natürlich ist auch hier alles drei oder vier Nummern zu groß, aber es ist einiges dabei. Ganz hin und weg bin ich von der Wildblumenwiese entlang der Auffahrt und den überbordenden Staudenbeeten im Sonnenuhr-Garten, direkt am Haus. Hier fühlt sich auch Prinz Charles ganz besonders wohl. Der Thronfolger scheint eine Vorliebe für Rittersporn zu haben.

Die Bereiche unmittelbar am Haus entstanden als Erstes. »Hier frühstückt der Prinz morgens auch schon mal«, erzählt John und deutet auf einen Tisch im Sonnenuhr-Garten, zwinkert kurz und verrät dann: »Ihre Königliche

Hoheit verfolgt eine ganz einfache Idee bei der Gestaltung des Gartens: Er arbeitet mit der Natur zusammen, nicht gegen sie.« Und wir erfahren, dass die Natur auch das Haus erobern darf. Der Blauregen klettert ungezähmt die Wände hoch, eine Magnolie blüht davor, und wilder Wein rankt sich Meter um Meter die Wände hoch. So verwachsen Haus und Garten zu einer Einheit.

»Gärtnern mit der Natur, nicht gegen sie. Klingt gut«, denke ich, »Lustig, dass ich darüber noch kurz vor der Reise mit Claudia Jung gesprochen habe.«

Praktisch veranlagt, wie Claudia nun einmal ist, hatte sie damals auch gleich eine Erklärung parat. Die Sängerin meinte: »Wahrscheinlich darf sich der Fingerhut munter selber aussäen, ohne dass er gleich abgeschnippelt oder gejätet wird.«

Ich stehe auf der königlichen Frühstücksterrasse und denke weiter über das Gesagte nach. Sollte man sich bei der Gartenarbeit dem Rhythmus der Natur unterordnen oder anpassen? Gibt sie vor, was man wann zu tun hat oder was man wann besser lassen sollte?

»Ich zupfe das Unkraut nach jedem Regen. Dann bekommt man es leichter aus der Erde – sicher meint Charles das«, denke ich gerade. Dann höre ich, wie Glayds aus Manchester flüstert:

»Charles düngt wohl auch mit selbsthergestelltem Kompost...« Ihre Freundin Susan wispert: »Ich glaub's auch. So ist es ja richtig. Nicht umsonst nennt man Kompost das schwarze Gold des Gärtners.«

»Außerdem verzichtet der Kronprinz komplett auf Chemie. Selbst Schneckenkorn kommt ihm nicht in den Garten. Dennoch sehen seine Hortensien so wundervoll und prächtig aus. Nicht ein angeknabbertes Blatt und nur die schönsten Blüten. Ich könnte neidisch werden. Angeblich schützt er seine Pflanzen mit Bierfallen, aber ich kann das nicht so ganz glauben. Bei der Größe der Gärten benötigt er doch ganze Fässer Bier, um die Schnecken zu killen«, kichert Gladys im Flüsterton.

»Sobald ich wieder zu Hause bin, werde ich das mal ausprobieren. Aber Du weißt ja, mir kommt ebenfalls kein Gift in den Garten. Und im Winter verzichte ich auf Streusalz. Das ist hochgradig gefährlich für Hunde und Katzen. Die bekommen das Zeug an die Pfoten, lecken es ab und krepieren daran. Nein danke! Ich nehme stattdessen Sand.«

Prinz Charles ist mit seiner Vorliebe für ökologischen Gartenbau nicht alleine. Auch Hollywood-Star Julia Roberts mag es lieber bio – erinnere ich mich, als ich am Nutzgarten des Kronprinzen vorbeischlendere. »Ich genieße es total, im Garten herumzuwühlen«, erzählt die »Pretty Woman« im Interview und ergänzt: »Dort ziehe ich Karotten und pflanze Tomaten. Oft verbringe ich Stunden mit meiner Familie zwischen Salatblättern und Kürbisköpfen – alles ungespritzt.«

Ich spaziere weiter über Highgrove – unter Pergolen entlang, die mit Rosen und Klematis geschmückt sind, vorbei an blühenden Hortensienbüschen und haushohen Rhododendren – und komme schließlich im Stumpfgarten an. Der Garten wirkt wie ein Märchenwald. Jede Menge Funkien und Farne überwuchern die Stümpfe. Die Baumstümpfe hat Charles aus dem ganzen Land heranschaffen und auftürmen lassen. Ein Garten, der nicht jedem gefällt. Als er seinem Vater Prinz Philip diesen Teil des Gartens einmal stolz vorführte, fragte der Duke of Edinburgh nur trocken, wann denn das ganze Gerümpel endlich abgefackelt wird. Es steht immer noch und hat sich zu einem zauberhaften Urwald entwickelt. Vermutlich steht auch deshalb das Baumhaus hier, in dem die Prinzen William und sein kleiner Bruder Harry als Kinder spielten.

Anders die Eibenbüsche, die die Sichtachse zum Haus hinaufwachsen. Sie wurden von den Gärtnern zu Krönchen, Kugeln oder Sahnehäubchen frisiert. »Diese Eiben standen schon hier, als Charles das Anwesen kaufte. Ihm wurde geraten, sie fällen zu lassen. Das wollte er aber nicht und ließ stattdessen den Gärtnern freie Hand. Sie durften sich an ihnen austoben«, erklärt John, der Garten-Guide. »Es wirkt ein wenig wie bei Alice im Wunderland – oder?«

Die Führung durch den Garten von Highgrove findet schließlich ihr Ende. Zurück auf der Terrasse vorm Orchard Room, genieße ich dort nahezu erschlagen von den vielen Eindrücken noch eine weitere Tasse Tee, dazu ein paar echte englische Scones. Ich strecke die Füße von mir und schließe die Augen. Herrlich, wie es hier duftet. Da schmeckt der Tee gleich doppelt so gut.

Ich lasse in Gedanken noch einmal alles Revue passieren. Die spontane Entscheidung, Highgrove zu besuchen, war genau richtig. Hier habe ich grandiose Ideen für meinen eigenen kleinen Garten gefunden – zum Beispiel die Hortensien. Da fällt mir wieder mein Garten-Talk mit Annabelle Gräfin von Oeynhausen-Sierstorpff ein. »Warum sind denn gerade ausgerechnet Hortensien so beliebt? Die kann man ja jetzt sogar schon im Discounter kaufen.«

»Hortensien gibt's einfach in so vielen Farben und Größen. Man kann sie als Büsche kaufen oder als Kletterpflanze. Und dann bieten sie noch diese wunderbaren unterschiedlichen Blütenformen. Da ist eben für fast jeden Geschmack etwas dabei. Zudem bietet keine andere Pflanze so viele Blüten für so wenig Geld.«

»Es heißt immer, sie seien so pflegeleicht. Stimmt das?«

»Ich finde schon. Sie brauchen eben nur viel Wasser und viel Dünger. Vor allem die Hortensien im Kübel auf der Terrasse musst du fast täglich gießen – je nachdem, wie heiß es ist. Blaue Hortensien werden übrigens irgendwann wieder weiß. Damit sie blau bleiben, muss man sie daher mit Aluminium-Dünger versorgen.«

»Wie viele sollte ich denn pflanzen?«

»Das hängt von der Größe des Gartens ab. Auf jeden Fall sind Dreiergruppen immer schön. Außerdem sollte nichts davor gepflanzt werden, was höher als die Hortensie wächst.«

»Brauchen sie ein spezielles Plätzchen?«

»Ein halbschattiger Ort wäre gut, schließlich vertragen sie nicht immer die pralle Sonne. Und der Boden sollte dem im Wald sehr ähneln – wie bei Rhododendren.«

»Womit lassen sich Hortensien am besten kombinieren?«

»Farblich ist Weiß und Rosa immer schön. Funkien passen wunderbar. Sie können unter die Hortensien gesetzt werden. Ihre Blätter halten die Sonne gut vom Boden ab und die Erde schön feucht. Oder Astilben. Diese Kombination sieht auch sehr hübsch aus.«

Ein kleiner Spatz steuert zielsicher meinen Tisch an, landet und pickt ein, zwei, drei Krümelchen auf und flattert mit seiner Beute davon. Hier lässt es sich aushalten. Diese Ruhe tut gut. Ein Anwesen wie Highgrove ist wirklich ein Paradies.

»Ach herrje, schon so spät«, denke ich und mache mich auf den Weg. Jetzt will ich noch fix im Garten eines alten Freundes vorbeischauen. Modedesigner Edwin Hardy Amies lebte nicht weit von hier. Jahrzehntelang entwarf er die Roben für Queen Elisabeth. Er war der Hofschneider des Hochadels, der Upper Class. Amies starb 2003 im Alter von vierundneunzig Jahren – aber sein Cottage und den Garten gibt es immer noch. Wer möchte, kann es sogar als Ferienhaus mieten.

Nach Langford ist es von Highgrove aus eine gute Autostunde. Macht aber nichts. Es ist eine schöne Tour. Man fährt an sanften, grünen Hügeln vorbei, an alten Gemäuern, über enge und kurvenreiche Landstraßen. England wie aus dem Bilderbuch.

Langford ist ein kleines Dorf mit vielleicht dreihundertfünfzig Einwohnern. Die Zeit scheint hier stehen geblieben zu sein. Das Cottage von Hardy liegt mitten im Ort. Kein Wunder, immerhin ist es die alte Dorfschule. Dort, wo früher einmal der Pausenhof war, liegt heute der Garten. Der königliche Schneider hat ihn selbst angelegt.

Einhundertsechzig Sorten Rosen sollen dort blühen – sagt man im Dorf. Außerdem klettern sechzig Sorten Klematis die Mauern aus Bruchstein hoch. Im Garten duftet der Lavendel, blüht der Ziertabak und grünen die Buchsbaumhecken. Schlendert man über die Gartenwege, knirscht der Kies unter den Schuhen. Nur zwei große Beete gibt es, die jeweils durch einen schmalen Querpfad geteilt werden. Klein, aber oho!

Eines wollte Edwin Hardy Amies auf gar keinen Fall in seinem Garten: Rasen. Nein, der war ihm zu anstrengend. Immerhin nutzte der Schneider das Cottage anfänglich ja auch nur als Landsitz fürs Wochenende, bevor er sich Jahre später dazu entschloss, dort seinen Lebensabend zu verbringen. »Es wäre doch absurd, wenn man zur Erholung am Wochenende hinausfährt und dann nur mit Rasenmähen beschäftigt ist. Nein, das ist nichts für mich«, erklärte er oft und gerne.

Stattdessen galt seine Vorliebe alten Rosen. Ihre Blütenflut schwappt bis zur Fassade des Hauses und umrahmt dort üppig Fensterrahmen und Eingangstür. Und egal, wohin man sich im Garten auch wendet, Rosenduft kitzelt immer in der Nase.

Am nächsten Tag, zurück in Deutschland, erkläre ich meinem Nachbarn Konstantin bei einer Tasse Assam Tee: »Ich will auch Rosen. Kletterrosen, Buschrosen, Edelrosen. Charles hat welche, der königliche Schneider Hardy Amies liebte sie, und Gräfin Oeynhausen-Sierstorpff schätzt sie.«

»Es spricht ja nichts dagegen. Dir sollte nur klar sein, dass du sie regelmäßig pflegen musst.«

»Ich weiß, ich weiß, ist doch nur ein bisschen schnippeln. Worauf ich achten soll, haben mir doch schon Jutta Speidel, Marlene Charell und Gräfin Annabelle erklärt.«

»Dennoch, denke immer daran, im Frühjahr und im Herbst musst du sie zurückschneiden. Im Herbst kommt das tote Holz raus, im Frühjahr dann der kräftige Rückschnitt. Und vergiss das Düngen nicht. Zwei Mal im Jahr. Einmal im Frühling, das letzte Mal im Hochsommer. Man kann das alles nicht oft genug sagen.«

»Wenn das alles ist.«

»Du musst auch darauf achten, dass sie das richtige Plätzchen bekommen. Rosen mögen Sonne. Am liebsten den ganzen Tag. Das hatte dir ja schon Gräfin Bernadotte erklärt. Und einige Rosen sind wirklich sehr anfällig für

Krankheiten. Mit Caroline Reiber hattest du doch schon darüber gesprochen, oder?«

»Stimmt. Aber nun haben wir genug über Rosen geplaudert. Jetzt erzähle ich dir erst einmal von meinem Besuch bei Prinz Charles ...«

16. Kapitel

Abschied vom Gartenkitsch

Gartenarbeit scheint Frauensache zu sein. Jedenfalls könnte man das ohne Weiteres annehmen, wenn man durch das Garten-Center schlendert. Ich bin überrascht. Das hätte ich nun nicht gedacht.

Aber es scheint wirklich so zu sein: Das Garten-Center ist eine weibliche Domäne. Es sind immer Frauen, die zielsicher, neugierig und enthusiastisch die Pflanzenabteilung ansteuern. Sie gucken, vergleichen und kombinieren schon an Ort und Stelle. Zu zweit oder in kleinen Grüppchen stehen sie zwischen den Tischen und plaudern – fast immer geht es um den eigenen Garten. Wissen und Erfahrungen werden ausgetauscht, Tipps gegeben und Ratschläge verschenkt.

Auch zwischen den Rosenkugeln, Futterhäuschen und Pflanzkübeln herrscht reges, weibliches Treiben. Männer? Fehlanzeige! Nicht einer. Weder bei den Garten-Accessoires noch bei Blumen, Büschen oder Bäumchen. Den meisten Herren der Schöpfung scheint die Bepflanzung von Balkonkästen und Beeten ziemlich schnuppe zu sein.

Falls doch einmal ein Kerl durchs Garten-Center schleicht, tut er es anscheinend kaum freiwillig. Vielmehr schlurft er seiner holden Gattin lahm hinterher, nickt hin und wieder ergeben und wirkt ansonsten eher teilnahmslos und desinteressiert. Ja, ich habe sogar schon Männer im Garten-Center erlebt, die guckten so qualvoll aus der Wäsche, dass ich dachte, ich müsse helfend einschreiten.

Erst wenn sie sich zwischen Rasenmäher und Häcksler rumdrücken können, flackert wieder so etwas wie Lebenslust in den Augen dieser Männer auf. Dort, zwischen poliertem Blech und starken PS, haben sie ein kleines Reservat gefunden. Ihr eigenes Bällebad. Eine Männer-Insel, die von den Frauen respektiert wird. Nur selten verirrt sich eine Frau in diesen Bereich des Garten-Centers.

»Um die Blümchen kümmert sich meine Frau. Ich mähe nur den Rasen«, hat mir erst kürzlich »Rote Rosen«-Star Hakim-Michael Meziani verraten. Er wohnt nur einen Steinwurf weit entfernt.

Ähnlich geht's wohl auch TV-Kommissar Hinnerk Schönemann. Der Schauspieler lebt auf dem Land, bewirtschaftet in Mecklenburg-Vorpommern seinen eigenen Bauernhof und fährt dort liebend gern mit den Kindern auf dem Trecker über die Felder, überlässt allerdings seiner Frau nur zu gerne die Pflege der Blumenbeete.

»Ich betreibe Landwirtschaft. Das ist das, was mir am meisten Spaß macht«, so der erfolgreiche Schauspieler im Interview. Und weiter: »Der Bauernhof war eine alte Ruine mit Stallungen. Nur der Schweinestall war noch erhalten. Der wird jetzt ausgebaut zum Wohnhaus. Ich mache ja vieles selbst.«

Aber natürlich weiß Hinnerk nicht nur seine Felder zu schätzen, sondern auch seinen eigenen Garten im beschaulichen Plau am See.

Auch Hinnerks Kollege Andreas Hoppe alias »Tatort«-Ermittler Mario Kopper hat sich einen eigenen Bauernhof in Mecklenburg-Vorpommern gegönnt.

Auf die Idee gekommen ist der Berliner während einer seiner vielen Reisen durch Kanada. Die Weite, die Natur – das wollte er auch in Deutschland für sich haben. »Auf meinem Hof kann ich Stille spüren, und anders als in der Stadt wird es dort abends tatsächlich dunkel«, hat er mir einmal im Interview erklärt.

Aber warum soll's bei den Schauspielern anders zugehen als in meiner Nachbarschaft? Was im Garten-Center beginnt, wird zu Hause eben fortgesetzt. Ich kenne diese »klassische« Arbeitsaufteilung nur zu gut aus den Redaktionen, in denen ich gearbeitet habe. Lokales, Politik und Wirtschaft gehören den Männern. Klatsch, Kultur und Lebenshilfe werden hingegen gerne den Frauen überlassen. Natürlich gibt es auch immer wieder Ausnahmen, die die Regel bestätigen – ich war schließlich lange Zeit eine davon. Aber die Zahl solcher Ausnahmen ist wirklich gering.

Bevor ich die Gesellschaftskolumne der *B.Z.* in Berlin übernahm, schrieben Frauen diese Spalte. Als ich Society-Kolumnist der Zeitschrift *Gala* wurde, löste ich eine Frau ab. Als ich ins Ressort »Aktuelles / Unterhaltung« beim People-Magazin *Bunte* wechselte, arbeiteten dort nur Frauen, genauso war es in den entsprechenden Ressorts auch bei der *InStyle* oder der *SuperIllu*. Auch bei *Das Neue Blatt* und *Neue Post* war ich der einzige Kerl in der »Unterhaltung« beziehungsweise der erste männliche Chefreporter. Männer gab es in diesen Zeitschriften bis dahin nur auf den Führungsetagen, darunter eher nicht. Das hat sich bis heute kaum geändert.

Warum ist das so, frage ich mich während eines Spazierganges mit Bruno durch die Nachbarschaft. Interessieren sich Männer etwa nicht für Promi-Klatsch? Ist ihnen der eigene Garten egal?

Nein! Männer schätzen guten Klatsch genauso wie Frauen. Das kann man zum Beispiel sehr gut im Flugzeug beobachten – am besten sogar in diesen Business-Fliegern voller Geschäftsleute und Manager. Da greift der eine oder andere Anzugträger beherzt zur seriösen Tageszeitung mit ausführlichem Wirtschaftsteil und lässt sich noch fix von der Flugbegleiterin die *Bunte* oder *Gala* nachreichen. Schließlich möchte man sich mit seinem Geschäftspartner beim Lunch am Zielort nicht nur über nüchterne Zahlen oder Verträge unterhalten, ein wenig Klatsch lockert die Atmosphäre bei Tisch schließlich auf.

Auch auf längeren Strecken mit der Bahn kann man durchaus beobachten, wie die Ehefrau ihre Illustrierte gerne an ihren Göttergatten weiterreicht und er interessiert Seite um Seite studiert. Warum auch nicht? Die Männer interessieren sich übrigens nicht nur dort für den neuesten Klatsch, sondern auch in der Kaffeeküche, im Wartezimmer oder in den Umkleideräumen im Fitnessstudio klatschen die Herren der Schöpfung gerne.

Natürlich interessieren sie sich auch für den Garten. Sehr sogar. Allerdings sind sie meistens nur zur Stelle, wenn robuste Arbeiten gefordert werden. Dann lassen sie sich nicht lange bitten. Wer soll denn auch sonst die Hecke schnippeln, den Obstbaum pflanzen oder den schweren Rasenmäher übers zu hohe Gras schieben? Dafür braucht man schon einen richtigen Kerl, das ist nichts für zarte Frauenhände – denken sie wohl.

Wenn es aber um das Bepflanzen von Blumenkästen für die Fensterbank geht, das Gestalten von Rabatten oder das Dekorieren des Eingangsbereichs, dann überlassen sie nur zu gerne ihren Frauen das Feld. Kurz: Er ist für das Grobe zuständig, sie für das Schöne, die Blumen.

Immer wieder habe ich während meines noch so jungen Gärtnerlebens festgestellt, dass Männer auch anders über ihren Garten sprechen. Sie betonen die Größe und die Pflege, die Höhe der Hecke, den Kraftaufwand beim Fällen der alten Bäume, die PS-Stärke ihrer Rasenmäher. Irgendwie habe ich in solchen Unterhaltungen immer das Gefühl, ich würde mich in einer Autowerkstatt befinden. Mir ist das zu technisch, zu kühl.

Ganz anders sind die Gespräche mit meinen Nachbarinnen: Sie wollen mit ihrem Garten ein kleines Paradies schaffen, eine private Wohlfühloase. Liebevoll kümmern sie sich um ihre Blumen, betrauern auch jedes verkümmerte Pflänzchen. Für die zarten und kränkelnden werden extra Bereiche im Garten geschaffen, in denen sich auch diese Stauden, Rosen oder Büsche erholen können.

»Eigentlich merkwürdig, oder? Ich dachte immer, beide würden sich gerne um den Garten kümmern«, zweifelt Konstantin und stellt die Harke beiseite. Ich mache gerade einen Stopp am Gartenzaun und nutze die Gelegenheit für einen kleinen Plausch mit meinem Nachbarn.

»Früher hieß es ›Frauen an den Herd‹, heute anscheinend ›Frauen in den Garten‹. Guck dir doch mal die Werbeprospekte der Garten-Center an. Die sind eindeutig an Frauen gerichtet. Ist Garten also das neue Kochen?«

»Ach, das bildest du dir doch nur ein. Was ist denn mit den ganzen Geräten, die dort abgebildet sind? Den Vertikutierern, den Mährobotern und den Laubbläsern? Da richtet sich die Werbung doch wohl eindeutig an beide Geschlechter.«

»Da hast du recht. Aber was ist mit den Rosen, Stauden und Blumenzwiebeln? Den Pflanzkübeln und Töpfen? Damit sprechen sie eindeutig nur Frauen an.«

»Sieht so aus.«

»Geh doch mal ganz bewusst ins Garten-Center. Als Erstes musst du vorbei an Regalen mit Accessoires, die eher für einen weiblichen Geschmack entworfen wurden.«

»Ist das so?«

»Ja, da hängen geblümte Gartenhandschuhe, geblümte Gartenschürzen, geblümte Pflanzkissen. Außerdem hübsch bedruckte kleine Schaufeln und handliche Harken, bunte Körbe und allerlei Deko für den Garten.«

»Ich glaube aber gar nicht, dass das jeder Frau gefällt.«

»Nein, bestimmt nicht. Aber es ist eindeutig an Frauen gerichtet. Die Emanzipation hat es anscheinend noch nicht über den Gartenzaun ins Blumenbeet geschafft.«

Natürlich ist es blöd, zu glauben, dass Männer sich ausschließlich für Rasenmäher und Co. interessieren. Aber interessieren sich die Herren der Schöpfung denn gleichermaßen für Deko im Garten? Für englische Rankornamente, Brunnen und Wasserspiele, ausgefallene Gartenstecker und Rosenkugeln, Laternen, bunte Vogelhäuser oder Gartenfiguren? Die, die das tun, sind höchst wahrscheinlich in der Minderheit.

Das soll nicht bedeuten, dass jede Frau sofort spitze Schreie des Entzückens ausstößt, wenn sie durch diese Schnickschnackabteilungen schlendert. Um Himmels willen, bloß nicht! Es gibt auch Frauen, die all dem Zeug eher kritisch gegenüberstehen. Aber Frauen sind eindeutig die Zielgruppe. Und vielen gefällt's.

»Wir haben eigentlich nur Glasbehälter in verschiedenen Größen und Formen mit großen Kerzen darin im Garten stehen«, sagt RTL-Exklusiv-Moderatorin Frauke Ludowig und ergänzt: »Zu viel Kitsch liegt mir nicht.«

Schauspielerin Saskia Vester lehnt Deko im Garten völlig ab. »Nein, Gartenzwerge kommen mir nicht über die Schwelle. Die finde ich total spießig. Ich mag auch keine Rosenkugeln. Das passt alles nicht zu mir und nicht zu meinem Garten.« Auch Musical-Star Angelika Milster will ohne Deko auskommen. Und wenn sie davon mal abweicht, dann nur mit Selbstgebasteltem. »So wie mein goldener Kürbis eben. Den habe ich geerntet, hübsch lackiert und schließlich drapiert. Das sah elegant aus.«

Andere mögen es bunter, kitschiger, schriller. Lange Zeit beherrschten die Gartenzwerge das Deko-Sortiment der Garten-Center. Dann drängten sich die Frösche in die Regale und auf die Verkaufstische. Die mussten wiederum den Engeln Platz machen. Neuerdings sieht man überall auch Herzen, aber ganz groß im Kommen sind wohl Erdmännchen. Warum diese putzigen Tierchen aus Plastik oder Holz aus dem südlichen Afrika nun in den Gärten in meiner norddeutschen Nachbarschaft eine neue Heimat gefunden haben, konnte mir bisher keiner so richtig erklären.

Aber über Geschmack lässt sich bekanntlich nicht streiten. Was dem einen gefällt, kann der andere nicht leiden. Ich habe mir eine Amphore ausgesucht. Aus rostigem Eisen. Dazu gibt's einen passenden Sockel. Das platziere ich im großen Beet vor der Hecke. Drum herum blühen Stauden und Rosen – wenn die dann mal so weit sind. Mir gefällt's – was andere dazu sagen, ist mir erst einmal wurscht.

»Genauso sehe ich das auch«, erklärt mir Bernd Ulrich von Deutschlands erfolgreichstem Schlagerduo »Die Amigos«, abends hinter der Bühne. »Ist doch egal, was die anderen denken. Hauptsache, mir gefällt, was in meinem Garten steht.«

»Was hast du denn für Deko im Garten?«

»Wir haben hinten einen Brunnen stehen. Der leuchtet nachts.«

»Wie? Der leuchtet?«

»Ja, da sind Lampen im Wasserbecken installiert, die leuchten nachts das kleine Mädchen an, das in der Mitte des Wassers steht und die Arme zum Himmel reckt.«

»Wo hast du denn diesen tollen Brunnen gefunden?«

»Auch im Garten-Center. Er wurde in drei Paketen angeliefert, und es hat vielleicht einen halben Tag gedauert, bis er fertig aufgebaut war. Das Ding ist verdammt schwer. Massiv Stein eben.«

»Wer hat ihn denn ausgesucht? Du oder deine Frau?«

»Nein, das haben meine Frau Heike und ich zusammen gemacht. Wir suchen so etwas immer zusammen aus.«

»Das ist sicherlich ein toller Blickfang im Garten ...«

»Von der Terrasse führt ein kleiner, gefliester Weg zum Brunnen. Wir haben dann auch noch zwei passende Löwen aufgestellt.«

»Ist das nicht zu viel des Guten?«

»Nö, wieso? Uns gefällt das. Und soll ich dir noch etwas verraten?«

»Aber gerne.«

»Weil wir doch so viel unterwegs sind, haben wir im Vorgarten Kunstrasen verlegt.«

»Das glaube ich jetzt nicht!«

»Doch, doch. Das haben wir wirklich. Und wenn Leute vorbeikommen und mich fragen, warum mein Rasen immer so gut aussieht, behaupte ich, dass ich ihn nur nachts und bei Vollmond mähen würde.«

Es geht selbstverständlich auch ein oder zwei Nummern kleiner und dezenter. Aber wenn's passt und gefällt, ist es doch in Ordnung – oder? Jeder soll sich in seinem eigenen Garten wohlfühlen. Also gestalte ich ihn, wie es mir gefällt.

Natürlich recherchiere ich auch in den sozialen Netzwerken. Dort haben sich mittlerweile viele Gruppen gebildet, die sich mit dem Thema beschäftigen. Auch mit Deko im Garten. Die Gartenfreunde zeigen voller Freude und Stolz, womit sie ihr kleines Refugium verschönert haben.

Dort watscheln Plastikgänse durchs Beet, meditieren dicke Buddhas, drehen sich Windmühlen und leuchten nachts künstliche Störche einem den Weg zur Terrasse. Die einen mögen es lustig und künstlich, die anderen eher zurückhaltend und bescheiden.

Der neueste Trend heißt »Shabby Chic«. Alles wird wieder aufgemotzt. Olle Gießkannen und Wannen werden mit bunten Blümchen bepflanzt, an ausrangierten Fahrrädern ranken sich Pflanzen empor, sogar alte Koffer werden in den Beeten drapiert und begrünt. Die einen haben sich alte Wagenräder in den Vorgarten gestellt, die anderen einen alten Pflug. Der Fantasie sind eben keine Grenzen gesetzt.

»Wir hatten früher ja auch so viele schöne Figuren im Garten stehen«, erzählt mir Schauspielerin Anita Kupsch, die berühmte Arzthelferin aus der TV-Serie »Praxis Bülowbogen«. Die Berlinerin besitzt in der Nähe von Cuxhaven ein reetgedecktes Häuschen. Landleben pur. »Aber mit den Figuren ist jetzt Schluss. Die habe ich alle weggeräumt.«

»Wieso das?«

»Uns ist eine kleine Katze zugelaufen. Die fürchtet sich vor diesen Dingern.«

»Und was war das für Deko, die du weggeräumt hast?«

»Ach, das waren so Vögel aus Eisen, lustige Männchen, kleine Hunde. So was eben. Aber alles sehr geschmackvoll. Aber was willste machen, wenn sich das Kätzchen fürchtet?«

»Jetzt ist dein Garten komplett nackt?«

»Nö, das ist er nicht. Die Zwerge im Vorgarten durften stehen bleiben. Die sind lustig. Vor denen hat das Kätzchen keine Angst.«

Anitas Haus liegt einsam. Die nächste größere Stadt ist rund vierzig Kilometer entfernt. Eigentlich ein Idyll, nach dem sich viele gestresste Großstädter sehnen. »Aber mein Mann und ich werden das Haus mit Garten nun verkaufen«, erzählt sie mir bei einer Tasse Tee. Wir sitzen auf meiner Terrasse und genießen die Sommersonne, die hoch über meinem Garten steht.

»Wieso wollt ihr das Haus verkaufen?«

»Wir werden eben auch älter und können uns nicht mehr so um Haus und Garten kümmern.«

»Aber ihr habt euch dort doch immer so wohlgefühlt.«

»Stimmt. Aber es liegt so abseits. Ohne Auto kommst du dort nicht aus. Und die ärztliche Versorgung ist einfach auch sehr schlecht. Und wir sind in einem Alter, in dem wir eben gute Ärzte in unserer Nähe brauchen.«

»Ja, dennoch ist das sehr, sehr schade.«

»Leicht fällt uns das ja auch nicht. Ich fand's immer toll, nachts im Garten zu stehen und zu hören, wie der

Uhu über mich hinwegfliegt. Außerdem sind wir kaum noch dort.«

»Du wirst es bestimmt vermissen.«

»Aber natürlich. Der schöne Garten, die wunderbare Zeit dort. Aber es geht eben nicht anders.«

Anita nippt am Tee. Schweigend schaut sie auf den Abendhimmel. Die ersten Lichter gehen in der Nachbarschaft an. Auf dem Terrassentisch flackert eine Kerze und wirft Schatten an die Klinkerwand unseres Hauses. Anita seufzt.

»Eigentlich ist es doch schade, dass wir alle älter werden und dann nicht mehr so können, wie wir eigentlich wollen – oder?«, fragt sie leise. »Wir können nur versuchen, das Beste daraus zu machen. Künftig werden wir eben nur noch in Berlin wohnen. Macht ja auch nichts. Wir haben eine schöne Wohnung, einen tollen Balkon. Das reicht uns. Mein Garten wird mir dennoch etwas fehlen. Aber das Leben geht eben weiter.«

Vielleicht findet das eine oder andere Deko-Stück aus Anitas Garten bei mir ein neues Zuhause. Warum sollte es denn auf ihrem Dachboden verstauben, wenn es bei mir neu zur Geltung kommen kann. Platz genug ist doch, und schön wäre es auch, denn es ist mehr als pure Dekoration. Es wäre eine wundervolle Erinnerung an eine großartige Schauspielerin und Komödiantin.

Bis es aber so weit ist, werde ich wohl erst einmal nur meine Amphore im Garten aufstellen. Das soll genügen.

»Ich habe auch nur diesen kleinen, weißen Engel auf der Säule neben meiner Haustür und mehr nicht«, verrät mir ein paar Tage später Barbara Schöne. Wir treffen uns zufällig auf dem Berliner Ku'damm, als ich bei alten Freunden zu Gast bin. Natürlich suchen wir uns sofort ein Plätzchen im nächsten Café, um nach langer Zeit ganz in Ruhe miteinander zu plaudern. »Der passt sehr gut zu meinem weißen Gartenzaun und den lachsfarbenen, gelben und orangefarbenen Rosen im Vorgarten.«

Nur zur Erinnerung: Die Berlinerin schrieb als Assistentin von Harald Juhnke in dessen damaliger ZDF-Show »Musik ist Trumpf« Fernsehgeschichte. Ende der 1970er Jahre gehörte Barbara auch zu den meistbeschäftigten Schauspielerinnen im deutschen TV. Heute steht sie immer noch regelmäßig in den tollsten Rollen vor der Fernsehkamera.

»Zwei von den Rosen im Vorgarten hat mir meine Mama vermacht. Wusstest du das?«, erzählt Barbara. »Bis zu ihrem Tode konnte ich fast nichts mit Pflanzen anfangen. Dann hat sie mir wohl ihren grünen Daumen vererbt.«

»Meinst du?«

»Seit Mama nicht mehr ist, mögen mich meine Pflanzen. Wenn ich mich um die Rosen kümmere, habe ich immer das Gefühl, sie ist an meiner Seite und hilft.«

»Wirklich?«

»Ja, ich glaube, dass es den Pflanzen ganz genauso geht. Jedenfalls blühen die wie irre. Blüte folgt auf Blüte folgt auf Blüte. Das ist wunderbar, wie die mich mit ihrer Schönheit verwöhnen.«

»Was machst du denn mit den Rosen, dass die so schön sind? Was ist dein Geheimnis?«

»Ich kann es dir wirklich nicht sagen. Sie werden regelmäßig gedüngt, bekommen immer genügend Wasser, der Boden drumherum ist immer locker. Ich mache nichts, was andere nicht auch tun würden.«

»Das kann doch nicht sein.«

»Na gut, ich rede auch mit meinen Rosen. Mal muntere ich sie auf, mal bedanke ich mich für ihre schönen Blüten. Hin und wieder schütte ich ihnen mein Herz aus. Aber jetzt denkst du bestimmt, ich bin eine komische Alte.«

»Quatsch, nicht die Spur. Es ist doch angeblich sogar wissenschaftlich bewiesen, dass Kommunikation mit Pflanzen deren Wachstum fördert. Jedenfalls habe ich das irgendwo gelesen.«

Barbara Schöne lacht. Laut. Herzlich. Ehrlich. Der Wind lässt ein einzelnes Platanenblatt am Café-Fenster vorbeitänzeln. Auf dem Ku'damm eilen die Menschen über den Gehweg. Der Verkehr staut sich. Es wird gehupt, geschimpft und gedrängelt. Berlin eben. Großstadt. Am liebsten würde ich ganz fix wieder zurück in meinen Garten fahren. Einfach zurück aufs Land. Ruhe genießen. Saubere Luft einatmen. Stressbefreit an meinen Beeten vorbeischlendern. Noch vor fünfzehn Jahren wäre das undenkbar gewesen. Damals hätte ich mir ein Leben außerhalb Berlins nicht vorstellen können. Wir werden eben alle älter.

»Ganz ehrlich, Frank. Ich könnte mir auch nicht mehr vorstellen, mitten in der Stadt zu leben. Nein, das ist vorbei.«

»Mir geht es auch so ...«

»Ich habe in meiner kleinen Doppelhaushälfte und dem Garten mein Glück gefunden. Im Sommer baue ich meinen kleinen Pool aus dem Baumarkt auf, im Winter dekoriere ich die Tannen mit Lichterketten. Im Frühling werden die Töpfe und Kästen von mir mit bunten Blumen bepflanzt. Ich genieße das.«

»Das klingt doch wundervoll.«

»Allerdings war ich vor Kurzem wirklich traurig. Der

Zünsler hat mir alle meine Buchsbaumkugeln kaputt gefressen. Auch die tollen vor der Tür. Das war echt ärgerlich.«

»Stimmt. Ich hatte bisher Glück. Meine hat er bisher verschont.«

»Aber ich war nicht lange traurig. Schließlich habe ich im Garten-Center einen Ersatz gefunden. Ilex crenata. Nicht ganz billig, aber sehr schön.«

Die Zeit vergeht wie im Fluge. Wir trinken einen Kaffee, zwei und dann noch einen dritten. Schließlich müssen Barbara Schöne und ich uns trennen. Die Geschäfte schließen bald, und jeder muss noch seine Besorgungen erledigen.

Während der Fahrt nach Hause, am nächsten Tag zurück aufs Land, denke ich über die unterschiedlichsten Begegnungen und Gespräche nach, die ich in den vergangenen Monaten erleben durfte. Und es stimmt: Mein Garten macht mich wirklich glücklich.

Ohne meinen Garten wäre mir wohl die sympathischste Seite meiner Stars verborgen geblieben – ihre Hilfsbereitschaft. Ich hätte nie gedacht, dass sie mich so selbstverständlich unterstützen würden bei meiner Suche nach dem Gartenglück.

Natürlich habe ich diese vielen wunderbaren Bekanntschaften und Freundschaften nur meiner Arbeit in den Klatschredaktionen zu verdanken. Egal, ob in Berlin, München oder Hamburg. Während dieser Zeit habe ich so viele wundervolle Menschen kennengelernt. Fast hätte ich das vergessen.

Daran, dass mir das wieder bewusst wird, merke ich, um wie viel es mir mittlerweile besser geht. Schließlich habe ich nicht vergessen, dass meine Gartenarbeit eine ärztlich verordnete Auszeit ist. Fern vom redaktionellen Stress, weit weg vom Schlagzeilendruck.

Je länger ich mich mit meinem Garten beschäftige, je mehr ich an der frischen Luft bin und wieder Kraft tanke, merke ich, dass ich wieder ganz der Alte werde. Der, der ich vor dem Burn-out einmal war. Neugierig, fröhlich, unvoreingenommen.

Noch einige Monate im Garten, und ich habe wieder so viel Kraft, dass ich mich erneut in die bunte Welt der Stars und Society stürzen könnte. Aber will ich das? Hat sich diese Welt nicht in den vergangenen Monaten zu sehr verändert?

Heute wird in den Klatschressorts anders gearbeitet als zu meinen Anfängen. Heute reicht es, einen Halbsatz aus dem Internet zu fischen, und schon wird daraus eine Schlagzeile konstruiert. Die Stars sind auch keine Legenden mehr. Nein, sie sind Dschungelkönige oder Bacheloretten. Reicht mir das? Ich weiß es noch nicht. Ich muss noch darüber nachdenken. So lange kümmere ich mich um meinen Garten. Immerhin gibt es dort noch einiges zu tun.

17. Kapitel

Alles zu seiner Zeit

Es gibt Lebensweisheiten, die machen sich zwar hübsch auf einem bestickten Kopfkissen, aber in der praktischen Anwendung erweisen sie sich gerne als Rohrkrepierer. »Pünktlichkeit ist eine Zier, doch weiter kommt man ohne ihr« ist so eine. Jeder, der schon einmal zu spät am Flughafen ankam und nur in allerletzter Sekunde noch in den Flieger hüpfen konnte oder ihn vielleicht sogar verpasst hat, weiß, was ich meine.

Allerdings gibt es eine Kategorie Promis, die danach zu leben scheint – und damit meistens leider auch noch durchkommt. Da fällt mir ein Fotoshooting mit einem deutschen Starlet ein.

Wir hatten die teuerste Suite des schicksten Hotels der Hauptstadt für einen Tag gebucht. Der Stylist hatte die schönsten Kleider aus Paris, Mailand und London mitgebracht und die wertvollsten Stücke aus den Vitrinen eines Nobeljuweliers bereitgelegt.

Der Champagner stand bereit, und die Schnittchen für den kleinen Hunger zwischendurch waren geschmiert. Weil wir im trüben Berliner Winter für eine der Frühlingsausgaben fotografierten, leuchteten draußen große und schwere Studioscheinwerfer in die Hotelfenster und simulierten Sonnenlicht.

Mein Flieger landete pünktlich. Fröhlich setzte ich mich in mein Taxi Richtung Grunewald. Mein Handy klingelte. »Lieber Frank, ich schaffe es leider nicht pünktlich. Wahrscheinlich werde ich mich um zwei Stunden verspäten. Aber wir haben dann ja immer noch genügend Zeit für die Fotos.« Zwei Stunden zu spät! Ich kämpfte mit meiner Panik.

Aus zwei Stunden Verspätung wurden schließlich vier. Als die Schauspielerin endlich im Hotel ankam, drückte sie mir eine Plastiktüte mit Schuhen und eine billige Reisetasche mit den Kleidern, die sie für das Foto-Shooting anziehen wollte, in die Hand. »Ich werde nichts anderes anziehen. Die müssten allerdings noch aufgebügelt werden«, erklärte sie resolut und ließ sich erst einmal vorm Schminkspiegel nieder, um genüsslich ihre Zigarette zu rauchen.

Unterm Strich blieben nun noch vier Stunden für die Fotos. Viel zu wenig, denn wir brauchten hochwertiges Material für acht Seiten. Jeder andere Fotograf hätte sich nun dankend verabschiedet – aber nicht meiner. Das beruhigte mich. Wir hofften das Beste und ließen uns unseren Optimismus nicht nehmen.

Auch im Garten ist eine gewisse Pünktlichkeit wichtig, wie ich in den vergangenen Wochen und Monaten erfahren habe. Zugegeben, sie beschränkt sich nicht auf pingelige Uhrzeiten, aber doch auf bestimmte Perioden. Hat man diese Zeiträume verpasst, muss man sich wohl oder übel in Geduld üben und bis zu zwölf Monaten warten, bevor man wieder loslegen kann – auch die Natur hat eben ihre Bürozeiten.

So kommen zum Beispiel pünktlich im Oktober und November die Blumenzwiebeln in die Erde, damit im nächsten Frühling die Krokusse, Tulpen und Narzissen blühen. Man kann es sich ganz einfach merken: Im Herbst werden die Frühlingsblüher verbuddelt und im Frühjahr die Herbstblüher. Als Gärtner sollte man sich tunlichst beachten, sonst wird das nix mit der Blütenpracht. Ebenso gibt es eine Zeit, um die Rosen zu düngen, die Obstbäume zu beschneiden und die Stauden zu teilen.

»Bäume im Topf, die sogenannten Containergehölze, können das ganze Jahr gepflanzt werden. Der Boden sollte allerdings nicht gefroren sein«, erklärte mir Jutta Speidel vor einiger Zeit und ergänzte: »Für Bäume mit Wurzelballen ist es allerdings besser, sie im späten Herbst in die Erde zu bringen. Rechtzeitig vorm Winter, damit sie ordentlich Wurzeln schlagen können. Nur wenn man sich daran hält, hat man mit den Pflanzen Erfolg.«

Daran sieht man: Wer zu spät kommt, den bestraft zwar nicht das Leben, dafür aber der Garten. Wer sich nicht an die Zeiten und Termine hält, wird nur mit einer kümmerlichen Pracht belohnt – das habe ich nun schon während meiner kurzen Gärtner-Karriere gelernt. Ich halte mich auch daran.

Darum schauen wir Gärtner auf die Uhr und in den Kalender. Denn wir sind pünktlich – ganz anders als viele Möchtegern-Prominente, die täglich die Zeitungsspalten füllen und sich auf den Titelseiten der Illustrierten tummeln.

Hält sich der Gärtner bei der Arbeit an die von der Natur vorgegebenen Zeiten, bedanken sich die Pflanzen bei ihm oder ihr und verschönern den Garten pünktlich zum Saisonstart mit Duft und Blüte. Herrlich.

»Pünktlichkeit im Garten ist immer gut«, weiß auch Ruth Maria Kubitschek, die große Dame der feinen TV-Unterhaltung.

»Ist das wirklich so wichtig?«

»Na ja, es ist nicht unsere menschliche Pünktlichkeit. Im Garten muss man schließlich nicht pünktlich um sechs Uhr morgens in der Garderobe sitzen. Im Garten ist das etwas legerer, etwas großzügiger. Aber nur ein bisschen.«

»Aha?«

»Als Gärtner muss man sich auf die Jahreszeiten einstellen. Außerdem sollte man Pflanzen nur bei Vollmond setzen, das bekommt ihnen am besten. Daran müssen wir Gärtner uns halten. Das ist unsere Pünktlichkeit.«

»Das ist aber nicht sonderlich kompliziert.«

»Nein, ist es nicht. Man richtet sich einfach nach dem Wetter, nach der Jahreszeit und nach dem Mond. Dann fragt man sich, ob es die richtige Zeit ist, Dinge zu setzen, zu schneiden oder umzupflanzen. Ich denke der Garten hat seine eigene Zeit, seinen eigenen Rhythmus – dem müssen wir folgen.«

Es ist einer dieser stillen Herbsttage. Der Nebel wabert durch die Büsche, die Blätter fallen leise zu Boden. Kubi, wie sie liebevoll von Freunden und Kollegen genannt wird, ist jetzt nicht mehr blond, sie ist weiß. Ihr Gang ist vorsichtig. Die Hüfte macht Probleme. Aber noch immer liebt sie das Gefühl von warmem Gras unter den nackten Füßen.

»Dem Rhythmus meines Gartens folgen. Das klingt schön«, murmele ich vor mich hin und höre der großen Schauspielerin zu, frage sie dann: »Aber, was heißt das genau?«

»Ganz einfach: An heißen Sommertagen muss ich zum Beispiel unbedingt morgens meine Pflanzen gießen. Pünktlich. Das darf man nicht vergessen. Auf gar keinen Fall dürfen die Pflanzen gegossen werden, wenn die Sonne hoch steht.«

»Wieso?«

»Dann könnten einzelne Wassertropfen auf den Blättern zu Brenngläsern werden und die Pflanze verletzen. Darum lieber sehr früh gießen.«

»Okay, verstanden.«

»Und am besten direkt und ausschließlich auf den Boden, nie auf die Blätter.«

»Dann sollte ich doch besser abends wässern.«

»Nein, am Abend ist es auch nicht so gut. Dann ist die Gefahr groß, dass die Pflanzen sich einen Pilz einfangen.«

»Das sollen sie nicht.«

»Da muss man im Sommer wohl etwas früher aufstehen als sonst.«

Als das Ende einer großen Liebe sie fast aus der Bahn warf, kehrte sie München den Rücken und zog in die Gemeinde Salenstein am Bodensee in der Schweiz. Dort schreibt sie Bücher, malt und pflegt ihren zauberhaften Garten, den der TV-Star mit der Zeit auch um einige tausend Quadratmeter erweitert.

»Aber natürlich muss man sich als Gärtner nach den Jahreszeiten richten. Die Blumenzwiebeln kommen im Herbst in die Erde und nicht im Winter, wenn alles gefroren ist«, erklärt die Schauspielerin.

»Ja, das habe ich mittlerweile auch gelernt.«

»Genauso ist es bei den Rosen. Die werden im Frühling und im Sommer gedüngt. Macht man das erst im

Herbst, wachsen denen Triebe, die den Winter nicht überleben, und die Pflanze leidet. Im Herbst wird die Rose auch ein erstes Mal runtergeschnitten. Nur ein wenig. Auch das Abgestorbene kommt dann raus. Im Frühling werden die Rosen radikal zurückgeschnitten. Aber das macht jeder Gärtner anders.«

Der Garten scheint ihr Leben zu bestimmen. »Er ist wie das Meer«, sagt sie leise. »Mal kommt es, dann geht es – aber es ist immer da. Immer.« Er ist ihre Kraftquelle, ihr Motor. Schließlich gibt er die Liebe, die man ihm schenkt, ohne Anspruchsdenken wieder zurück. Nur achtsam muss man mit ihm umgehen. »Der Vollmond ist für die Pflanzen sehr wichtig. Würde ich einen schönen Baum pflanzen wollen, würde ich das auf alle Fälle bei Vollmond machen.«

»Ist das so?«

»Sicher. Ich pflanze zwar keine Bäume mehr, aber früher habe ich sehr häufig beobachtet, wie gut es ihnen tut, wenn das bei Vollmond geschieht. Den Rosen geht's übrigens ganz genauso.«

»Der Vollmond schenkt Kraft und Energie ...«

»Das scheint so zu sein. Warum man nun ausgerechnet bei Vollmond pflanzen soll, weiß ich auch nicht. Aber er ist anscheinend etwas ganz Besonderes. Deswegen schläft man wohl auch nicht so gut bei Vollmond, weil dann diese viele Energie im Raum ist.«

Als Ruth Maria ab 2001 ihren Garten für Besucher öffnete, kamen so viele Menschen, dass die Gemeinde von ihr genügend Besucherparkplätze verlangte. Leider starb damit die Idee der »Offenen Gartenpforte« wieder. Nun teilt sie ihr Gartenglück nur noch mit der Familie und den engsten Freunden. Schade eigentlich, denn der Garten der Aphrodite ist wirklich ein Paradies geworden und wird Jahr um Jahr schöner. Nicht zuletzt wegen der aufopferungsvollen Pflege durch die Schauspielerin.

»Man soll ja auch nur zu einer bestimmten Zeit seine Obstbäume schneiden – oder?«, frage ich Ruth Maria Kubitschek. Sie nickt und lächelt. Schließlich erklärt sie mir mit sanfter Stimme: »Ja, das mache ich nach dem Mondkalender. Den habe ich auf dem Schreibtisch stehen, und danach richte ich mich. Da steht dann drin, was man an dem entsprechenden Tag alles erledigen soll oder auch nicht.«

»Das klingt spannend. Was steht denn für heute drin?«

»Fenster putzen, Wintergemüse ernten und Obstbäume schneiden. Guck, heute wären sie dran, die Obstbäume. Und was wir heute auf gar keinen Fall verwenden sollen, ist Kunstdünger.«

»Und danach soll man sich richten?«

»Ja, ich mache das schon seit mehr als zehn Jahren. Es funktioniert.«

»Erfolgreich?«

»Ja, ich finde schon. Wenn da steht, dass man die Fenster putzen soll, dann sollte man das auch tun. Dann bleiben sie angeblich länger sauber. Ob das wirklich so ist, weiß ich nicht. Ich habe es noch nicht ausprobiert. Aber der Mondkalender lügt nicht. «

»Großartig!«

»Morgen ist laut Mondkalender übrigens Umtopfen dran und Gartenzaun setzen. Aber man sollte nichts einmachen und keinen Salat aussäen.«

»Das sind ja ganz schön konkrete Anweisungen.«

»Und danach richte ich mich. Seit ich den Garten habe.«

Dass man im Garten das Richtige zur rechten Zeit erledigen soll, wird mir immer bewusster.

Ich würde mir wünschen, so manche junge, deutsche Schauspielerin wüsste das auch. Dann wären so einige Foto-Shootings bestimmt professioneller über die Bühne gegangen – vor allem meines damals in Berlin. Damals stand ich als junger Redaktuer quasi am Rande eines Nervenzusammenbruchs, heute ist diese Begebenheit nur noch eine unterhaltsame Anekdote, die für reichlich Heiterkeit bei so manchem festlichem Dinner sorgt.

Mittlerweile atme ich tief durch, sauge die frische Luft in meine Lungen, bin entspannt und glücklich. Nun freue ich mich über jeden wertvollen Tipp, den ich von meinen Stars bekomme. Ohne sie hätte ich in meinem Garten bestimmt nicht so viel erreicht. Und auch Ruth Maria Kubitschek trägt ihr Wissen zu meinem Gärtnererfolg bei. Wie schön!

»Es stimmt aber wirklich, im Garten hat alles seinen Moment. So soll man im Hochsommer auf gar keinen Fall Bäume fällen. Das macht man am besten im Dezember oder Januar.«

»Warum?«

»Da hat der Mond einen gewissen Einfluss.«

»Schon wieder der Mond?«

»Ja, es gibt gewisse Bäume, die fällt man wirklich am besten nach dem Mondkalender. Diesem Mondholz wird nachgesagt, dass es besonders trocken ist und unempfindlicher gegen Fäulnis oder Insektenbefall sei. Das hängt wohl mit dem Fluss der Baumsäfte zusammen. Wissenschaftlich bewiesen ist das natürlich nicht, aber meine Erfahrung sagt mir, dass das so ist. Darum werden bei mir im Frühjahr oder Sommer keine Bäume gefällt.«

In der Regel ist ein Pilz- oder Schimmelbefall im Brennholz kein Problem und für gesunde Menschen nahezu unbedenklich, sagt man. Es sollte weder beim Sägen noch beim Hacken oder Stapeln Probleme machen und auch nicht beim Verbrennen im Kaminofen.

Vorsicht ist allerdings geboten, wenn Allergien bekannt sind oder Atemwegserkrankungen wie Asthma bereits Schwierigkeiten verursachen. Dann sollte man unbedingt einen Mundschutz tragen, wenn das Holz im offenen Kamin knistert, und so das Einatmen der Schimmelsporen vermeiden, erfahre ich im Internet.

Wie unterschiedlich doch Gärten sein können: Während der Garten von Ruth Maria Kubitschek das Ergebnis ihrer zauberhaften Fantasien und ihrer Träume ist, zeigt der Garten von Sänger Olaf Malolepski eher ein schnörkelloses Abbild der Natur. Beide sind schön, jeder auf seine Weise.

Der Sänger des legendären Schlagertrios »Die Flippers« lässt der Natur im Garten ihren Lauf und greift nur hin und wieder korrigierend ein. Liegt man unter seinen alten Bäumen, glaubt man sofort in einem Wald zu sein. Es duftet nach feuchter Erde, nassem Laub, und überall meint man es rascheln zu hören.

»Darum spielen Regeln und Pünktlichkeit in meinem Reich fast keine Rolle«, erklärt er mir einige Tage nach dem Gespräch mit Kubi, während ich meinen Blick durch Olafs knorrige Bäume im Baden-Württembergischen Diedelsheim wandern lasse.

»Du machst also kaum etwas?«

»Für den Rasen habe ich einen Mähroboter und für die Hecke einen Gärtner. Beide nehmen mir das Schnippeln ab.«

»Also machst du gar nichts selber in deinem Garten?«

»So ist es nun auch nicht. Die Kübel auf der Terrasse, bepflanze ich im Frühjahr mit allem, was das Garten-Center hergibt. Aber so viel gibt's da gar nicht zu tun.«

»Und sonst?«

»Na ja, im Frühjahr streue ich die Samen für meine Blumenwiese aus, und sobald der Winter beginnt, fange ich an, die Futterhäuser für die Vögel in die Bäume zu hängen.«

»So eine wilde Blumenwiese ist toll. Leider ist mein Garten dafür zu klein.«

»Du weißt aber, wie wichtig diese Wiesen mittlerweile sind – oder?«

»Ja, ich habe schon davon gehört.«

»Überall liest man vom Insekten- und Vogelsterben. Die Gründe dafür sind vielfältig, aber Monokulturen in der Landwirtschaft oder die ganze Chemie, die unsere Bauern nutzen, um gute Ernten einzufahren, sind zwei wesentliche Ursachen. Wir Hobbygärtner können wenigstens einen kleinen Beitrag leisten, um den Tieren in der Natur zu helfen.«

Jeder Gartenbesuch ist für mich eine besondere Überraschung, genauso wie jeder Gastgeber. Immer wieder höre ich die Hingabe aus den vielen Tipps und Ratschlägen heraus, die ich einsammeln darf. Verwundert bin ich auch über die Bescheidenheit, die jedem Gärtner eigen zu sein scheint. Keiner der Promis, mit denen ich gesprochen habe, würde seinen Garten über den grünen Klee loben. Keiner von ihnen würde mit dem eigenen Garten angeben – egal, wie groß und aufwendig gestaltet er ist.

Vielmehr ist es ihnen wichtig, ihr Reich in den Dienst der Natur zu stellen. Der Garten soll ein Ort sein, an dem bedrohte und hilflose Arten Unterschlupf finden. Wo sie sich erholen und neue Kraft sammeln können. Egal, ob Schmetterling, Biene oder Vogel. Auch Füchse und Maulwürfe finden dort Schutz.

Im Garten geht es nicht mehr nur um die simple Schönheit von Stauden und Sträuchern, sondern um Nachhaltigkeit. Um den kleinen Beitrag, den jeder Hobbygärtner zum Natur- und Artenschutz leisten kann. Egal, ob der Garten nur handtuchgroß ist oder ob es sich um einen Schlosspark handelt. Egal, ob es die Scholle ist, die nur am Wochenende beackert wird oder der Villengarten, der tägliche Pflege genießen darf.

»Also schaffst du quasi ein Reservat für die Tiere deiner Nachbarschaft«, stelle ich über den Rand meines Kaffeebechers hinweg fest. Olaf nickt und erklärt: »Ja, du glaubst nicht, wie viele Bienen, Hummeln und Wespen sich jedes Jahr in meinem Garten tummeln. Die schönsten Schmetterlinge flattern hier umher. Das ist ganz großes Kino.«

»In so einem naturbelassenen Garten wie deinem fühlen sich die Tiere doch ohnehin sehr wohl, oder?«

»Aber ja. Abends tapert der Igel über meine Terrasse und sagt Guten Abend, im Frühjahr nisten die Vögel in meinen alten Bäumen, und der Maulwurf buddelt sich auch schon mal durch den Rasen.«

»Da ist aber wirklich was los in deinem Garten.«

»Klar, für den Igel reche ich im Herbst auch immer das Laub zusammen. Das kommt dann in die Ecke auf einen Haufen, und der Igel kann sich da so richtig schön reinkuscheln und seinen Winterschlaf halten.«

»Benutzt du dafür einen Rechen oder einen Laubbläser?«

»Auf alle Fälle einen Rechen. Laubbläser richten doch mehr Schaden an als sie nützen.«

Dass ein Garten aber auch vorausschauend geplant werden kann, erlebe ich, als ich mit Alice Kessler spreche. Sie und ihre Schwester Ellen sind zusammen die wunderbaren »Kessler Zwillinge« – das schönste Doppel-Pack der deutschen Show-Geschichte. Nie um eine Antwort verlegen – schlagfertig, amüsant, welterfahren.

Die Zwillinge leben seit einigen Jahren im vornehmen Geiselgasteig, in München-Grünwald. Sie haben sich zwei Wohnungen in ihr Haus bauen lassen. Jede hat ihre eigene Küche, ihr eigenes Wohnzimmer, ihr Schlafzimmer und Bad. Wer seine Ruhe haben will, zieht einfach die Trennwand in der Mitte zu. Zum Haus gehört auch ein Garten.

»Ach, wir haben uns jetzt verkleinert«, erklärt Alice Kessler mit nachdrücklicher Stimme.

»Wie das?«, frage ich und bekomme gleich die Erklärung: »Unser Garten ist neunhundert Quadratmeter groß. Das ist aber zu viel für uns. Darum haben wir Kirschlorbeer und Rhododendren gepflanzt und den Garten so verkleinert. Der Rest ist Rasen. Unseren älteren Freunden geht's genauso.«

Ein zu großer Garten macht im Alter eben große Mühe. Wer soll ihn pflegen? Ein Gärtner? Nein, der lässt einen doch nur hängen. Und Glück lässt sich ohnehin nicht in Quadratmetern berechnen. Viel lieber verbringt man die kostbare Zeit auf der Terrasse und genießt den Anblick. Alles eben zu seiner Zeit.

»Ist der Garten denn nun wirklich so pflegeleicht?«, frage ich kritisch.

»Jetzt schon. Nachdem der Gärtner weg ist, haben wir uns auch so einen Mähroboter angeschafft. Alle Welt spricht doch schon über diese Dinger. Und ich kann sagen: Unserer macht seine Arbeit ganz ansehnlich. Jedenfalls müssen wir uns jetzt nicht mehr über Unzuverlässigkeiten ärgern. Schließlich ist meiner Schwester und mir ein gepflegter Rasen sehr wichtig.«

Einfach zu pflegen soll der Garten im Alter sein. Ganz ohne große Aufgaben, vor denen man zurückschrecken könnte. Daran muss man schon frühzeitig denken – erfahre ich. Schönheit liegt doch sowieso im Auge des Betrachters. Und oft genug sind es gerade die einfachen Dinge, die unser Herz erfreuen. Also warum denn nicht auch ein unkomplizierter und pflegeleichter Garten?

»Rhododendren und Rasen – fehlen nur noch die Rosen, dann ist es ein wirklich pflegeleichter Garten«, sage ich mit einem Augenzwinkern und erfahre prompt Zustimmung von Alice Kessler.

»Eine Rose haben wir natürlich auch. Eine Kletterrose, die arbeitet sich die Wand zum Nachbargrundstück hinauf.«

»Mit Rosen ist das ja immer so eine Sache. Einfach sind die nicht...«

»Ach, was. Ich dünge meine Rosen zweimal im Jahr, und vor dem Winter werden sie zurückgeschnitten. Ich mache das, obwohl viele sagen, man sollte das nicht tun. Ich lasse dann immer so zwischen zwanzig und vierzig Zentimeter stehen.«

»Ruth Maria Kubitschek hat's mir anders erklärt.«

»Ich mache es aber so, und meinen Rosen hat es bisher nicht geschadet. Die wachsen trotzdem schön.«

»So kann man es sich im Garten einfach machen.«

»Ja, warum auch nicht? Wir sind viel unterwegs, da möchte man die wenige Zeit zu Hause doch nicht mit Unkraut jäten verbringen, sondern den Garten genießen.«

Noch fühle ich mich dafür zu jung. Noch will ich mit meinen Händen in der Erde wühlen. Buddeln, teilen, umpflanzen. Den Garten gestalten. So langsam bekommt er schließlich ein Gesicht. Das will gepflegt werden. Ein Gärtner kommt für mich nicht mehr infrage. Das war einmal. Mir ist mein Garten zu sehr ans Herz gewachsen.

Ein Mähroboter wäre zwar eine einfache und bequeme Lösung für den Rasen, aber ich weiß nicht, wie Bruno darauf reagieren würde. Macht meinem Goldie so eine Maschine Angst? Tut sie ihm vielleicht mit ihren scharfen Messern etwas an? Da bin ich skeptisch. Lieber schiebe ich meinen Rasenmäher sonnabends noch selbst übers Gras. Das hält nebenbei auch noch fit.

»Wie sieht's mit Tulpen und Narzissen im Frühjahr aus?« Für mich das Schönste im Frühlingsgarten. Nach dem tristen Winter kehrt das Leben zurück. Die Beete erwachen zu neuem Leben. Herrlich! Das Herz macht Salti, die Seele schlägt Purzelbäume. Das Glück kehrt zurück. So war das schon im Garten meiner Eltern. So soll es heute in meinem sein. Bunt. Unbändig. Fröhlich.

»Meine Schwester und ich setzen keine Zwiebeln mehr. Wenn's so weit ist, kaufen wir vorgezogene Tulpen, Narzissen und Hyazinthen.«

»Warum?«

»Ach, du musst die Zwiebeln im Herbst einbuddeln und nach der Blüte wieder ausbuddeln. Dann lieber so ein fertiges Leipziger Allerlei für die Terrasse. Und vorm Haus blühen die Geranien. Geranien müssen sein. Aber die sind ja auch sehr pflegeleicht.«

»Keine Frühjahrsblüher in den Beeten?«

»Bei uns blühen ab Mai die Eisbegonien. Die sind hübsch, und ebenfalls einfach zu handhaben.«

»Wie praktisch.«

Ich merke, je länger ich in meinem Garten arbeite und mir Gedanken über ihn mache, desto mehr fühle ich mich mit ihm verbunden. Ich leide mit jeder Pflanze, die kränkelt. Ich trauere um jeden Strauch, der eingeht. Von Tag zu Tag wachsen mir meine Pflanzen mehr ans Herz. Bin ich nun sentimental? Romantisch? Übertreibe ich? Ich glaube nicht, denn den Kessler-Zwillingen geht's nicht anders.

»Sorgen macht mir nur hin und wieder unser Hibiskusbäumchen. Das wird gerne von Läusen heimgesucht. Das ist nicht schön.«

»Und wie kann man ihm helfen?«

»Wir haben das schon mit allen Hausmittelchen probiert. Nichts hat funktioniert. Also spritzen wir.«

»Wie schade.«

»Ja, wir haben schon überlegt, ein Geranienbäumchen zu pflanzen. Denen passiert das nicht.«

»Ein Geranienbäumchen?«

»Das ist kein echter Baum. Man bastelt einfach aus mehreren Geranienpflanzen und -töpfen auf einem Gestell so etwas wie einen Baum. Das ist wirklich hübsch anzusehen und pflegeleicht.«

Der Garten ist eben die schönste Therapie. Und das beste Schönheitstonikum. Schließlich kann ich beobachten, wie die Falten auf meiner Stirn langsam, aber sicher verschwinden. Im Garten lässt dich eben kein verwöhntes Sternchen warten. Hier zählt Zuverlässigkeit und Loyalität.

Wie das Foto-Shooting mit der deutschen Filmdiva ausging? Natürlich haben wir es durchgezogen. Dank des Champagners, den ich schließlich Flasche für Flasche bestellte. Die Dame posierte hübsch geschminkt in den Edelfummeln, die unser Stylist besorgt hatte, und verliebte sich am Ende in ein Diamantarmband, das sie gar nicht mehr hergeben wollte. Widerwillig rückte sie es dann doch wieder raus. Aus den geplanten acht Seiten wurden leider nur vier. Mehr hat das Bildmaterial schließlich nicht hergegeben, und ich war um viele Erfahrungen reifer und weiß jetzt, warum ich mich heute lieber um meinen Garten kümmere.

Danksagungen und eine Bitte

Selbstverständlich möchte ich mich bei allen bedanken, die mich bei der Arbeit an diesem Buch unterstützt haben.

Ich möchte mich bei den vielen Prominenten bedanken, die mir Rede und Antwort standen, die mich in ihren Gärten empfingen oder mich in meinem besuchten. Die mir mit Rat und Tat zur Seite standen und dieses Buch erst möglich machten.

»Danke« möchte ich auch meinem Mann Gernot sagen. Er hat mich am Schreibtisch immer wieder mit frischem Kaffee und leckeren Schnittchen versorgt. Und wenn es mal nicht so lief, wie es laufen sollte, halfen mir seine aufmunternden Worte immer weiter. Genauso möchte ich mich bei Inken bedanken, die als Erste meine Texte las und gewissenhaft korrigierte. Auch wenn es blöd klingt, aber ich möchte mich auch bei Bruno, meinem Golden Retriever, bedanken. Denn jedes Mal, wenn ich zu lange am Schreibtisch saß, meistens bis tief in die Nacht, dann stupste er mich mit seiner feuchten Schnauze an und erinnerte mich daran, dass zwei Zimmer weiter ein Bett auf mich wartet.

Ich möchte mich aber nicht nur bedanken, sondern habe auch eine kleine Bitte: Die wunderbare Schauspielerin Jutta Speidel hat vor 20 Jahren in München ein einzigartiges Hilfsprojekt ins Leben gerufen, ohne das heute viele Frauen und Kinder obdachlos wären: Horizont e.V. Falls Sie also etwas für den guten Zweck tun möchten, würde ich Sie gerne bitten, diese Initiative von Jutta Speidel zu unterstützen.